Widmung

Für junge Menschen, die wissen möchten, wie das Leben in der „alten Heimat" war und wie das Leben für Einwanderinnen wie mich war, als wir in das „neue Land" kamen.

Für Menschen jeden Alters, die einer turbulenten Zeit einen Besuch abstatten möchten.

Ruth Stern Gasten

Zufällig Amerikanerin

Erinnerungen an eine Einwandererkindheit

Bibliografische Information der Deutschen Nationalbibliothek
Die Deutsche Nationalbibliothek verzeichnet diese Publikation
in der Deutschen Nationalbibliografie; detaillierte bibliografische
Daten sind im Internet über www.dnb.de abrufbar.

© 2017 Ruth Stern Gasten
E-Mail-Kontakt: ruthgasten@sbcglobal.net.

Ins Deutsche übersetzt und überarbeitet hat „An Accidental
American": Monika Felsing, Geschichtsverein Lastoria, Bremen.
Fast alle Namen sind authentisch, Ergänzungen *kursiv*.
Mehr auf www.monikafelsing.de.

Gestaltung: Wolfgang Rulfs
www.wolfgang-rulfs.de

Herstellung und Verlag: BoD – Books on Demand, Norderstedt

ISBN 9783744854665

Inhalt

Ruth (2010).

Besonderer Dank

Dieses Buch ist von Fragen meiner Enkelkinder ausgelöst worden. Ich habe es in dem Schreibseminar von Nancy O'Connell am Las Positas College begonnen, deren Wissen und Ermutigung eine enorme Hilfe war. Ich bin Mary Adamson und Judy Barnett dankbar für ihre Unterstützung und für ihre Kritik. Hector Timourian und Rick Altman haben mich sehr unterstützt, weil sie mir gezeigt haben, wie man ein Buch selbst veröffentlicht.

Ich bin meiner Tochter Amy Gasten Shenon und meinem Schwiegersohn Michael Shenon dafür dankbar, dass sie mir ihre Kinder für eine Reise in die „alte Heimat" anvertraut haben. Meine Nieder-Ohmener Cousine Karola Stern Steinhardt und Werner Cohen, der Mann meiner Cousine Hilda, waren sehr hilfreich beim Überprüfen meiner Erinnerungen an lange zurückliegende Ereignisse. Geschichtliche Informationen über das Dorf stammen aus Hildas Buch „Words that Burn Within Me".

Heinrich Reichel, der inzwischen verstorbene Nieder-Ohmener Heimathistoriker, hat mir erlaubt, Fotos aus seinen Büchern zu benutzen, auch das vom Haus der Familie Stern und von dem Aufmarsch der SA, und hat mir wertvolle Einblicke in das Dorf meiner Jugend gewährt.

Meine Familie und meine Freunde waren wunderbar geduldig mit mir während dieses langen Prozesses. Ich weiß es zu schätzen. Mein Lebensgefährte Sam Stone hat mich liebevoll unterstützt und viele Male das Abendessen zubereitet, während ich am Computer gearbeitet habe. Ohne die Hilfe von Euch allen hätte ich es nicht geschafft!

Vorwort

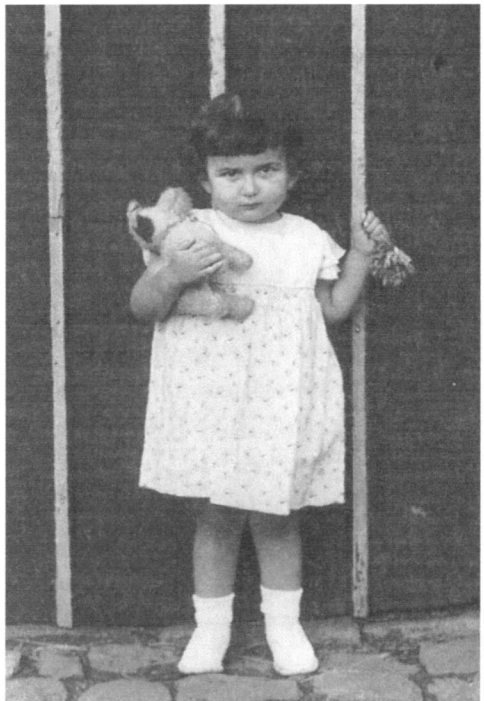

Ruthchen im Alter von zwei Jahren.

Hitler und ich sind im gleichen Jahr auf der Bildfläche erschienen: 1933. Er kam an die Macht, und ich bin als Tochter von Joseph Stern, einem Viehhändler, und dessen Frau Hanna, geborene Nussbaum, zur Welt gekommen. Unsere Familie wohnte in Nieder-Ohmen, einem Ort in Oberhessen mit 1400 Einwohnern.

Deutschland erlebte tumultartige Zeiten. Eine galoppierende Inflation vernichtete Arbeitsplätze und bedeutete den finanziellen Ruin für zahlreiche Menschen. Wegen der wirtschaftlichen und der sozialen Probleme nahm die Nazibewegung einige Leute in Nieder-Ohmen sehr schnell für sich ein, vor allem männliche Jugendliche und Schuljungen. Sie hatten den Eindruck, dass sich in Deutschland etwas Neues und Aufregendes tat. Voller Begeisterung traten sie in die Hitlerjugend ein.

Weil sie jüdisch waren, wurde meinen Eltern bald bewusst, dass das Hitlerregime die Juden als Sündenböcke benutzte, um die Probleme des Landes zu erklären. Die Familie meines Vaters hatte seit mehr als 200 Jahren in Nieder-Ohmen gelebt. Sie war bekannt und beliebt in der Gemeinde, und mein Vater war sich sicher, dass die anständigen Leute aus seinem Dorf seine Familie beschützen würden. Meine Mutter, die nicht aus dem Ort stammte, war sich da weniger sicher und fürchtete sich jeden Tag mehr angesichts dessen, was um sie herum geschah.

Meine Mutter kam aus Ulmbach, *einem Ort in Südosthessen, etwa 160 Kilometer entfernt von Nieder-Ohmen.* Ihr Vater war 1919 gestorben, und ihre sechs Brüder waren in größere Städte gezogen, als Hitler seine antisemitische Kampagne startete. Sie hatten gesehen, wie ernst es war. Einer nach dem anderen verließen sie Deutschland Mitte der Dreißigerjahre, um in andere Länder zu ziehen. Vier von ihnen und meine Großmutter Fannie emigrierten nach Südafrika. Einer ging in den Süden von Rhodesien, das heutige Simbabwe. Ein anderer fand eine neue Heimat in Palästina, dem heutigen Israel.

Die Brüder meiner Mutter hatten meine Eltern angefleht, Deutschland zu verlassen, aber das Vertrauen meines Vaters in sein Land und in seine Nieder-Ohmener Freunde hielt ihn und seinen Bruder dort. Immerhin hatten beide ehrenhaft in der deutschen Armee im Ersten Weltkrieg gekämpft. Sicherlich würden ihre Tapferkeit und ihre Vaterlandsliebe zu ihren Gunsten gewertet. Falls meine Eltern eine andere Wahl getroffen hätten, wäre ich durch Zufall Südafrikanerin geworden oder durch Zufall Israeli anstatt durch Zufall Amerikanerin. Was für ein anderes Leben hätte ich geführt!

Dieses Buch behandelt meine ersten zehn Jahre – Jahre, die geprägt waren von Aufruhr, Spannungen, Traurigkeit und einem Abenteuer, das mich aus dem stillen Nieder-Ohmen in die große, quirlige Stadt Chicago, Illinois, gebracht hat, damit ich ein neues Leben in den USA beginnen konnte.

Ich möchte, dass künftige Generationen unsere Geschichte kennen, aber nicht, damit sie die Deutschen hassen. Weit gefehlt! Meine eigenen Erfahrungen in Deutschland zeigen, dass wir nicht ein ganzes Volk wegen der Taten von einigen verdammen dürfen. Es ist notwendig, diese Geschichten zu erzählen, damit wir aus der Vergangenheit lernen können.

Es ist mein Traum, dass künftige Generationen aufstehen und das Wort ergreifen werden, wenn Ungerechtigkeit und Vorurteile in einem Land zunehmen. Mir schwebt eine Welt vor, in der jeder nach seinen Stärken beurteilt wird und die Chance bekommt, sie zu nutzen.

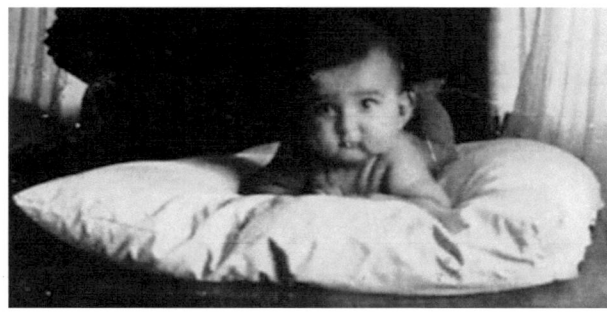

Ruth im Alter von sechs Monaten.

Hannas Geschichte

Meine Mutter Johanna Nussbaum war 1898 geboren, als zweites Kind und einzige Tochter von Meier und Fannie Nussbaum. Mit sechs Brüdern wuchs sie in einer der wenigen jüdischen Familien in Ulmbach auf, *einer Kleinstadt im Kinzigtal, im Südosten von Hessen.* „Ich habe als kleines Mädchen hart gearbeitet", hat mir meine Mutter erzählt. „Deine Oma Fannie und ich haben das Haus geputzt, Wäsche gewaschen, gebügelt, gekocht und das Essen serviert. Wenn alle gegessen hatten, haben Oma und ich das Geschirr abgewaschen und weggeräumt, obwohl wir so müde waren. Meine Brüder haben mit Opa Meier draußen gearbeitet, aber sie hatten auch Zeit, Karten zu spielen, ihre Freunde zu treffen und über Bücher zu reden. Denk darüber nach: Es waren sechs da, um bei ,Männerarbeit' zu helfen, aber nur eine, um bei der ,Frauenar-beit' zu helfen." Ich hörte Neid heraus, wenn sie ihr Leben mit dem ihrer Brüder verglich.

Hanna ging bis zur achten Klasse auf die Dorfschule. Jeden Tag kam der katholische Pfarrer in die Schule, um mit den Schülern zu beten, und dann warteten die jüdischen Kinder draußen. Seit sie eingeschult worden war, wurde meiner Mutter beigebracht, dass sie und die anderen Juden sprichwörtlich und tatsächlich Außenseiter waren. Was eignet sich mehr dafür, dir als Kind das Gefühl zu geben, dass du ein Außenseiter bist, als die Aufforderung, draußen zu warten, während alle anderen etwas lernen, das nicht zu deinem kulturellen Erbe gehört?

„An langen Wintertagen schien es, als dauerten diese Gebete ewig", erinnerte sich meine Mutter. „Es war so kalt. Wir konnten unseren Atem sehen, wenn wir uns unterhielten. Wir trugen Handschuhe. Trotzdem waren unsere Finger kalt wie

Eis." Hanna war ein kluges Kind, gut in der Schule. Obwohl sie zu Hause sehr viel arbeiten musste und ihr nicht viel Zeit für ihre Schulaufgaben blieb, bekam sie sehr gute Noten. Mädchen aus kleinen Dörfern in Deutschland bekamen nicht die Chance, eine höhere Schule zu besuchen. Es gab kein Gymnasium in Ulmbach, und es war kein Geld da, um sie in eine Stadt zu schicken. Also blieb Hanna zu Hause und half bei der „Frauenarbeit".

Es gab immer etwas zu tun im Hause Nussbaum. Die Freitage waren besonders arbeitsreich. Die Frauen des Hauses mussten immerhin alles für den Sabbat richten. Mama und Oma Fannie backten zwei große Challahs, gedrehte Hefezöpfe, die freitagabends und samstags gegessen wurden, eine große Menge Plätzchen und zwei Kuchen. Dann wurde es Zeit, die Hühnersuppe zuzubereiten – das war ein Ritual am Freitagnachmittag. Sobald das Huhn der Suppe Geschmack verliehen hatte, holte Oma Fannie die Stücke aus dem weißen Emaillesuppentopf und legte sie in den schwarzen Eisenbräter, in den Hanna schon klein geschnittene Karotten, Zwiebeln, Steckrüben und Kartoffeln gegeben hatte.

Bei Sonnenuntergang zündete Oma Fannie die Kerzen an und sprach den Segen, und damit begann die Feier des Sabbats ganz offiziell. Die jüdischen Gesetze verboten jegliche Arbeit, bis am Samstag drei Sterne am Nachthimmel zu sehen waren. Darum wurde am Freitag genug zu essen zubereitet, um alle neun Nussbaums einen ganzen Tag ernähren zu können. Die große Familie hatte immerhin ein herzhaftes Mittagessen am Samstag. Bei sechs heranwachsenden Jungen war eine große Menge an Essen vorzubereiten. Bis zum Sonnenuntergang am Samstag hatten sie alles verputzt.

Dann gab es auch noch die Feiertage. Pessach erforderte die meiste Arbeit. Das Fest lag im Frühling, im März oder April, je nach Mondzyklus. Mama und Oma Fannie machten kurz vor Pessach ihren Frühlingsputz. Sie schrubbten nicht nur die Böden und Schränke, klopften die Teppiche und säuberten den Abfluss und den Ofen, sondern beseitigten auch jedes noch so kleine Brotkrümelchen und Korn aus den Schränken. Fragt ihr euch, warum? Es ist wegen des Exodus. Als Moses die Juden aus der ägyptischen Sklaverei führte, blieb keine Zeit, um den Sauerteig gehen zu lassen. In der Wüstensonne wurde das Brot zu flachen Matzen. Um ihre gelungene Flucht zu feiern, essen gläubige Juden einmal im Jahr nur Matzen – nichts, was mit Hefe gemacht ist, und auch kein anderes Korn, das quillt, wie Reis, Gerste, Hafer oder Roggen. Als Kind konnte ich verstehen, warum Hefe verboten war, aber es wunderte mich, dass ich keinen Reis oder Gerste essen sollte. Das wundert mich heute noch.

Die Familie Nussbaum hat die Regeln nicht hinterfragt, sondern befolgt. Nachdem das Haus blitzblank war, rief Oma Fannie ihre Söhne: „Beeilt euch! Geht auf den Dachboden und bringt mir alle Kisten, auf denen Pessach steht!" Du meine Güte! Wie viele Kisten das waren! Einige enthielten zwei Tafelservices – eines für die milchigen und eines für die fleischigen Gerichte. In einigen waren Töpfe, Pfannen und Backbleche. Zwei kleine Kisten waren mit Bestecken gefüllt – einem Set für Milchiges und einem für Fleischiges. Hanna und Oma Fannie räumten das Alltagsgeschirr, die Pfannen und Bestecke aus den Schränken, packten sie in leere Kisten, die vom Dachboden geholt worden waren, und ersetzten sie durch das Pessachgeschirr und die dazu gehörenden Pfannen und Bestecke. An einem Tisch zu sitzen, auf dem eine Pessachdecke lag, und das eigens zubereitete Feiertagsmahl von Pessachtellern zu essen, war eine schöne Abwechslung für die ganze Familie, außer für Hanna und Oma Fannie, die völlig erschöpft waren, wenn sie alles ausgetauscht hatten.

Und wir haben noch nicht einmal über die Vorbereitungen für die beiden Sedermahlzeiten gesprochen. Seder bedeutet erzählen. Jedes Jahr bereiten jüdische Familien ein zeremonielles Essen vor, das die Flucht aus Ägypten symbolisiert, die Reise aus der Sklaverei in die Freiheit. Als erstes muss der Sederteller bereitgestellt werden. Es ist ein großer runder, dekorativ bemalter Teller. Sechs kleine Kreise sagen dir, was wohin gehört. Du brauchst ein geröstetes Lammkotelett, ein bisschen geriebenen Rettich, Charoset (Apfelschnitzen und Nüsse), klein geschnittene Petersilie, ein Ei und ein Schüsselchen mit Salzwasser. Heutzutage kannst du geriebenen Rettich kaufen, aber Mamas Brüder wechselten sich ab, bis genug für die beiden Sedermahlzeiten da war. Sie beschwerten sich: „Dieser Rettich ist stark genug, um dir den Zahnschmelz kaputt zu machen." Und sie beklagten sich und stöhnten zum Spaß.

Gefillte Fisch war ein wichtiger Teil des Pessachmahls. Die Vorspeise, in Scheiben geschnittener Fisch, stammte aus dem Mittelalter, als die Juden zu arm waren, um einen ganzen Fisch zu servieren. Die Hausfrauen fanden einen Weg, um billige Süßwasserfische zu verwenden. Um die Menge zu strecken, schnitten sie die Fische auf und füllten sie, sodass jeder wenigstens ein bisschen etwas von dem Geschmack abbekam. Oma Fannie hatte eine große alte Holzschüssel und ein Wiegemesser. Zuerst schnitt sie drei verschiedene Sorten Fisch und Zwiebeln. Dann fügte sie Eier, Matzenmehl und Gewürze hinzu. Schließlich formte sie aus der Mischung eiförmige Klöße, die in einen Topf mit heißem Fischsud geworfen und zwei Stunden gekocht wurden.

Während Oma den Fisch zubereitete, legte Mama Rindfleischstücke ein und schnitt das Gemüse für das Zimmes klein, gebratenes Fleisch mit Gemüse, und schälte die Zwiebeln und Kartoffeln für die Kartoffelkugel. Weil du nicht anfangen konntest mit dem Kochen, bevor du die Pessach-Küche eingerichtet hattest, musste all das an einem hektischen Nachmittag erledigt werden. Was für eine Arbeit!

Mama träumte davon, Ulmbach zu verlassen und irgendwohin zu gehen, wo etwas los war und wo sie hübsche Kleider tragen, tanzen gehen und junge Männer treffen konnte, die nicht mit ihr verwandt waren. Sie hatte von einem jüdischen Hotel in Bad Nauheim gehört, einer Kurstadt in der Wetterau, die für ihre Heilquellen bekannt war. Junge Mädchen konnten dort arbeiten, während sie lernten, wie man einen schönen Tisch deckt, ein Zimmer dekoriert, und andere Fertigkeiten erwarben, die sie brauchen würden, um gute Hausfrauen zu werden. Mama flehte Oma an: „Bitte, bitte, kann ich dort eine Lehre machen? Ich weiß, ich werde dort viel lernen. Und ich bringe ein paar neue, leckere Rezepte mit, die wir ausprobieren können!"

Oma war hin- und hergerissen. Opa Meier war in der Grippe-Epidemie von 1919 gestorben, und sie brauchte ihre verantwortungsbewusste Tochter als Hilfe und moralische Stütze. Auf der anderen Seite wusste sie, dass es für Hanna keine Zukunft in Ulmbach gab. Oma seufzte, wischte eine Träne weg und sagte tapfer: „Ich werde dich vermissen, aber ich weiß, es ist das Richtige." Zu diesem Zeitpunkt gingen auch ihre Söhne in eine andere Stadt, um eine Lehre zu beginnen. Das Leben im Hause Nussbaum war einfacher, und Oma wollte, dass ihre Tochter neue Fähigkeiten erwarb, neue Leute traf und eine Chance bekam, ihre Jugend zu genießen.

Hanna lag auf den Knien, schrubbte den Küchenboden und summte „Geschichten aus dem Wiener Wald", einen Walzer von Johann Strauß. Vor ihrem geistigen Auge sah sie gut aussehende junge Männer in adretten Sommeranzügen und hübsche Mädchen in pastellfarbenen Abendkleidern, die in einem eleganten Tanzsalon zusammen tanzten. Sie sah den Salon vor sich mit seinen Kronleuchtern aus Kristall, dem gebohnerten Parkett und den hohen, mit roten Samtvorhängen versehenen Fenstern. Bad Nauheim war für sie, was für euch oder mich Wien wäre – ein magischer Ort mit schönen Hotels und großen, stattlichen Villen. Ein Ort, an dem Träume wahr werden können.

Hanna schrieb an das Bad Nauheimer Hotel, um nach einer freien Stelle zu fragen. Einen Monat später brachte der Briefträger Hanna einen offiziell aussehenden Brief. Sie war so aufgeregt, dass sie Mühe hatte, den Umschlag zu öffnen. Beim Lesen schaute ihre Mutter ihr über die Schulter.

Oma Fannie mit ihrem Scheitel.

Zusammen lasen sie: „Liebes Fräulein Nussbaum, wir haben eine Lehrstelle zum 1. Mai zu vergeben, die wir Ihnen anbieten. Bitte lassen Sie uns wissen, ob Sie einverstanden sind. Hotel Weidman, Ella Weidman."

Hanna umarmte ihre Mutter und wirbelte sie herum. Was für ein Anblick! Hanna in ihren schwarzen Strümpfen, der bedruckten Trägerschürze über ihrem blauen Baumwollrock und ihrer weißen Bluse, und ihre Mutter, die ein graues, sackartiges Kleid trug und einen „Scheitel" auf dem Kopf hatte, eine Perücke, wie sie orthodoxe, verheiratete Jüdinnen tragen, um ihr Haar nicht zu zeigen. Die beiden tanzten spontan in der Küche, sehr zur Erheiterung der beiden jüngsten Söhne, Leo und Siegfried.

So viel war noch zu tun vor dem 1. Mai! Neue Unterwäsche musste gekauft werden. Hanna und ihre Mutter beschlossen, ihr ein modernes Kleid für ihr städtisches Leben in Bad

Der jung verstorbene Meier Nussbaum.

Nauheim zu nähen. Meine Mutter sah sich die Stoffe im Dorfladen an und kaufte einen hellgrünen Baumwollstoff mit weißen Punkten, den Oma zuschnitt. Sie nähte ein Kleid mit einem V-Ausschnitt und kurzen Ärmeln daraus.

Hanna probierte es an, als es fertig war. Ihr gefiel, was sie sah: ein schlankes Mädchen mit graugrünen Augen und braunen Locken in einem hübschen Kleid, das ihre Augen eher grün als grau erscheinen ließ. Sie war eine glückliche junge Frau.

Endlich war der Tag der Abreise gekommen. Die Sonne schien, und eine leichte Brise strich durch die hohen Bäume, die das Haus der Nussbaums umgaben. Alle wollten mit Hanna zum Bahnhof gehen. Alle sechs Brüder waren dafür extra nach Hause gekommen. Was für einen Anblick boten sie auf dem Bahnsteig! Die Jungs trugen ihre schweren wollenen Sabbatanzüge aus Tweed, die warm und unbequem aussahen. Jakob nahm Hannas braunen Kunstlederkoffer. Hanna und Oma standen nah beieinander, Arm in Arm. Oma hatte ihr bestes schwarzes Kleid angezogen. Seit sie verwitwet war, kleidete sie sich schwarz, wenn sie ausging. Ihre Kinder hofften, sie würde damit aufhören. Schließlich war Opa Meier schon mehr als zwei Jahre tot. Falls sie in der Lage gewesen wären, in die Zukunft zu sehen, wären sie sehr traurig gewesen, denn sie sollte nie aufhören, Schwarz zu tragen.

Hanna, klein, schlank und energisch, sah aus wie eine Frühlingsblume in ihrem blassgrünen Baumwollkleid. Ihr ovales Gesicht war von welligem braunen Haar umrahmt, das von Oma zum Bob geschnitten worden war, um eine Frisur nachzuahmen, die Hanna auf einem Zeitungsfoto gesehen hatte. Auf die Schnelle erklärte sie jedem einzelnen ihrer Brüder, was es im Haushalt zu tun gab, und erinnerte sie daran, welche Arbeiten im Gemüsegarten erledigt werden mussten, der so wichtig war für die Ernährung der Familie Nussbaum.

„Mach dir keine Sorgen, Hanna, ich garantiere dir, dass das Haus noch stehen wird, wenn du zurückkommst, und es wird etwas zu essen geben. Wir werden uns um alles kümmern", versicherte ihr Jakob, ihr älterer Bruder.

Ein Geräusch näherte sich aus der Ferne, wurde lauter und lauter und wurde zu einem Grollen, als der Zug in den Bahnhof einfuhr. Niemand anders wollte an diesem sonnigen Sonntagmorgen einsteigen. Die Jungs hörten auf zu schwatzen, als sie sahen, dass der Zug langsamer fuhr. Wolken von weißem

Hannas Mutter Fannie und Hannas sechs Brüder in Südafrika.

Rauch stiegen aus der mächtigen schwarzen Maschine auf. Die Jungs liebten Züge und winkten dem Lokomotivführer zu, der hoch oben in seinem Führerhaus saß. Er winkte freundlich zurück. Das Pfeifen des Zuges machte alle darauf aufmerksam, dass der Zug gleich halten würde. Oma Fannie fing leise an zu weinen, aber Hanna nahm es kaum wahr. Sie konnte nur mit Mühe ihre Aufregung im Zaum halten. Wie würde wohl ihr Leben in dem glamourösen, lebhaften Bad Nauheim werden? Der Zug hielt in jedem Dorf und jeder kleinen Stadt auf der Strecke. Hanna sah unverwandt aus dem Fenster, ihr Blick streifte die Felder und die Weiden, aber eigentlich wollte sie nur ankommen. Es schien, als seien Stunden vergangen, als der Schaffner „Bad Nauheim!" rief. Hanna griff sich ihren Koffer, eilte aus dem Zug und hinein in den schmucken Bahnhof mit seinen farbigen Fenstern, hohen Decken und schönen, hellen Bodenfliesen.

Eine lächelnde junge Frau mit kurz geschnittenem roten Haar und einem makellos weißen Kleid kam auf Hanna zu und sagte: „Ich bin Ella Weidman vom Hotel Weidman. Du musst Hanna Nussbaum sein. Lass mich deinen Koffer nehmen, und wir gehen zum Hotel."

Hanna atmete tief durch, als sie die große, breite Straße vor dem Bahnhof sah. Auf beiden Seiten waren zwei- und dreistöckige, prächtige weiße Gebäude, die mit gebrannten Ziegeln gedeckt waren. Einige von ihnen hatten Hotelschilder an der Fassade. Sie sah Balkone mit Blumenkästen, die mit roten und rosafarbenen Geranien bepflanzt waren, in den zweiten und dritten Stockwerken.

Ella Weidman fragte Hanna, ob sie schon jemals zuvor in Bad Nauheim gewesen sei. „Nein, das ist mein erstes Mal hier", antwortete Hanna schüchtern, „aber ich habe gehört, dass viele Leute hierher kommen, um Bäder zu nehmen und um sich zu erholen."

„Ja, das ist wahr", antwortete Ella Weidman. „1869 haben zwei Ärzte entdeckt, dass die Solebäder und die Übungen, die sie entwickelt haben, Herz- und Nervenkrankheiten linderten. Also wurden die Kliniken gebaut, und Nauheim wurde Bad Nauheim. Gäste aus ganz Europa und sogar aus den Vereinigten Staaten besuchen das Bad. Du wirst dich in dieser schönen Stadt wohlfühlen, Hanna."

Hannas Augen leuchteten, als sie nickte und ausrief: „Oh ja! Ich weiß, das werde ich."

Die beiden jungen Frauen liefen vier Straßen weiter und dann um die Ecke, in eine Allee. Hanna sah ein geschmackvolles Blechschild, auf dem stand: „Hotel Weidman". Es war an der Fassade eines geräumigen weißen Holzgebäudes angebracht, das eine große, überdachte Veranda hatte. Leute saßen in Schaukelstühlen auf der Veranda, unterhielten sich und lächelten. Was für ein freundliches Haus, dachte sie. Hier wird es mir gefallen.

Ella Weidman brachte Hanna zu ihrem Zimmer im dritten Stock. Als Hanna die Tür öffnete, sah sie einen schmalen Toilettenschrank mit Spiegel, ein Einzelbett und einen Walnusskleiderschrank. Schnell packte sie ihre Sachen aus und rannte nach unten in den ersten Stock, um die anderen Lehrlinge zu treffen – drei junge jüdische Frauen, die sich darauf freuten, etwas zu lernen und in Bad Nauheim zu leben. Das große, elegante Mädchen mit den warmen braunen Augen und dem pechschwarzen Haar hieß Hedy. Die anderen zwei waren Paula und Friedel. Alle waren sie heute angekommen.

Sie kamen in dem lichtdurchfluteten Speisesaal zusammen, einem Raum mit hohen Decken und dunkelbraunen Holz-paneelen. Als sie aus dem Fenster sah, konnte Hanna Tische und Stühle auf dem backsteingesäumten Innenhof sehen, umgeben von Gras und blühenden Büschen an der Ecke des Hofes. Das gehört zur Kur, dachte sie.

Ella Weidman erklärte ihnen, dass es zum Frühstück, zum Mittag- und Abendessen ein Buffet gab. Die jungen Frauen würden lernen, das Essen kunstvoll auf Platten anzurichten, Blumen zu arrangieren und die Tische mit Besteck, Stoff-servietten und Gläsern zu decken. Hanna und die anderen Mädchen hörten aufmerksam zu, als Ella Weidman beschrieb, wie die Mahlzeiten abliefen. Dann zeigte sie den Mädchen, wie man das Essen in den Servierschüsseln mit klein geschnittener Petersilie, Zitronenschnitzen und Orangenscheiben dekoriert. „Wir werden das Essen so elegant aussehen lassen wie diesen schönen Speiseraum", rief Hanna aus. „Das werdet ihr", antwortete Ella Weidman und nickte energisch. „Wir wollen, dass unsere Gäste ihr Essen genießen, mit ihren Augen und mit ihrem Gaumen."

Die Mädchen halfen dabei, den Speisesaal nach dem Abendessen sauber zu machen. „Heute Abend gibt es ein Mozartkonzert in der Konzertmuschel bei den Badehäusern, und alle tanzen in den Cafés", erzählte Ella Weidman ihnen. „Geht spazieren und genießt das schöne Wetter." Die Straßen seien voll mit Leuten, die flanierten und sich unterhielten.

Die vier sahen einander an, halb zögernd, halb in Aufbruchstimmung. „Auf, kommt!", rief Paula aus. Kichernd rannten sie hinauf, um sich umzuziehen. Paula hatte einen Plan von Bad Nauheim in der Hand, als sie und die anderen Mädchen, alle in hellen Sommerkleidern, vom Hotel zur Konzertmuschel gingen. Der Klang von Violinen erfüllte die Luft, als sie sich auf eine freie Bank setzten, um der Musik zuzuhören. Als das Konzert zu Ende war, folgten die vier der Menge zu den Cafés. Sie gingen in ein belebtes Lokal, in dem ein rundlicher, glatzköpfiger Mann in einer glänzenden blauen Weste Walzer von Franz Léhar auf dem Akkordeon spielte und Jung und Alt tanzte. Die Mädchen bestellten Tee und kleine Kuchen mit Zuckerguss und sahen zu. Im Handumdrehen kamen junge Männer an ihren Tisch, um sie zum Tanzen aufzufordern. Der Tänzer, der sich Hanna näherte, war mittelgroß, hatte strahlend blaue Augen und hellblondes Haar: „Oh, oh, wahrscheinlich ist er nicht jüdisch", dachte Hanna, „aber wir wollen ja nur tanzen, nicht heiraten." Sie lächelte zögerlich und sagte dann: „Ja, gerne."

Wie viel Spaß machte es Hanna, auf der kleinen Tanzfläche Walzer zu tanzen. Der Rock ihres gepunkteten Kleides schwang, als sie immer im Kreis tanzte. Auch die anderen Mädchen hatten Partner gefunden. Als es Zeit wurde, nach Hause zu gehen, redeten alle auf einmal, über die Musik, über die jungen Männer und über das leise Schuldgefühl, das sie hatten, weil sie mit Gojim, Nichtjuden, getanzt hatten.

Und so ging es den ganzen Sommer über. Abends spielte das Orchester in der Konzertmuschel Bach, Brahms, Mozart und Beethoven, manchmal auch am Springbrunnen in der Nähe der Badehäuser. Und natürlich tanzten die Mädchen gegen Abend in den gut besuchten Cafés. Obwohl ihre Tanzpartner sie nach Hause bringen wollten, waren die vier übereingekommen, dass sie gemeinsam zurück zum Hotel gehen würden.

Ihre Arbeit war leicht und in vieler Hinsicht kreativ. Sie hatten Freude daran, die Servierplatten zu dekorieren, und lieferten sich freundschaftliche Wettbewerbe, wenn es darum ging, die Gerichte noch besser und appetitanregender aussehen zu lassen. Manchmal putzten sie das Silber. Sie pflückten im Hinterhof Blumen und arrangierten sie in Vasen.

Als das Ende der Badesaison nahte, zögerte Hanna, nach Ulmbach zurückzukehren. In einer jüdischen Zeitung hatte sie ein Inserat bemerkt: „Gesucht: Gesellschafterin für ältere Dame in Frankfurt. Gute Bezahlung und reichlich freie Zeit." Frankfurt!!! Da wollte ich schon immer mal hin. Das kann meine Chance sein, dachte Hanna aufgeregt. Sie bat Ella Weidman, ihr ein Empfehlungsschreiben zu geben, und steckte das Blatt zusammen mit ihrer Antwort in einen Umschlag. Schnell schickte sie den Brief ab.

Und so wurde Hanna die Köchin, die Freundin und die Helferin von Frau Bertha Altman. Frau Altman wohnte in einem großen Haus in der Nähe der Taunusanlage. Ihre geräumige Wohnung war mit zahllosen Porzellanfiguren gefüllt, mit Büchern und Erinnerungsstücken. Gott sei Dank hatte Hanna ihr eigenes Zimmer. Die beiden Frauen, die junge und die alte, gingen im Park spazieren, aßen auswärts oder besuchten ein Café, und manchmal gingen sie nachmittags in die Oper oder in ein Konzert. Das Leben war viel ruhiger mit Frau Altman, als es in Bad Nauheim gewesen war, aber Hanna konnte Frankfurt entdecken, in Museen gehen, sich die Schaufenster der teuren Geschäfte ansehen und gut angezogene Frauen beobachten, die ins Café gingen.

Frau Altman liebte gute Bücher und ermunterte Hanna, sie zu lesen. Hanna genoss ihre Zeit in der großen Stadt, aber nach drei Jahren fragte sie sich, was die nächste Station ihres Lebens wohl sein würde. Das wurde für sie entschieden, als Frau Altman starb und ihre Mutter Hanna bat, nach Ulmbach zurückzukommen. Zwar freute sie sich darauf, Zeit mit ihrer Mutter und ihren Schulfreundinnen zu verbringen, aber sie zögerte auch, die anregende Atmosphäre einer Weltstadt zu verlassen. Und so kehrte sie nach Hause zurück und fragte sich, was die Zukunft für sie bereithalten würde.

Wie Hanna Joseph getroffen und geheiratet hat

Joseph und Hanna (1939).

Hanna ging zurück nach Ulmbach und half ihrer Mutter, das Haus und den Garten in Ordnung zu halten. Sie machten Gemüse ein und legten Gewürzgurken in Dill. Als das Obst reif war, wurde es Zeit, Apfelbrei und Birnenschnitze einzukochen. Hanna besuchte ihre Nachbarn und las so viel Bücher, wie sie sich ausleihen konnte. Die Zeit verging langsam.

Hanna sehnte sich danach, verheiratet zu sein und Kinder zu haben, aber das war nicht so einfach. Damals brauchten junge Frauen in Deutschland eine Aussteuer, um eine gute Partie zu sein. Hannas Vater war sehr jung gestorben, in der Grippe-epidemie von 1919, und es war nicht genug Geld da, um eine Aussteuer zu bezahlen. Außerdem lebte ihre Familie in einem kleinen Dorf, da gab es nicht viele heiratsfähige junge Männer.

Nun, meine Mutter hatte eine Cousine namens Rosel. Rosel hörte von Joseph, der in einem anderen Dorf wohnte, und sie fand, es sei eine Mizwah, eine gute Tat, Hanna mit Joseph zu verkuppeln. Sie sprach mit Joseph über Hanna und mit Hanna über Joseph. Beide schienen Interesse an einem Treffen zu haben. Rosel schlug vor, dass sie sich schrieben. In seinem Brief stellte sich Joseph vor und erzählte meiner Mutter, dass er als Viehhändler arbeite und eine Frau ernähren könne. Er sagte, er wäre gerne verheiratet und wünsche sich Kinder, und er erzählte meiner Mutter, er habe ein Haus, in dem sie leben könnten. Meine Mutter schrieb sofort zurück und lud ihn nach Ulmbach ein, für einen Tag, an dem Rosel auch da sein würde. Joseph reiste drei Stunden mit dem Zug, um Hanna zu besuchen. Sie sprachen über ihre Familien und ihr Leben, das bemerkenswert ähnlich verlaufen war. Beide waren sie bis zur achten Klasse auf die Volksschule gegangen. Beide kamen sie aus religiösen Elternhäusern. Beide waren sie darauf aus zu heiraten. Und sie waren nicht mehr ganz jung. Joseph war 37 Jahre alt. Hanna erzählte ihm, sie sei 29.

Nach ihrem Tod fand ich Papiere, aus denen hervorging, dass sie damals 34 gewesen war. Was für eine Überraschung! Sich für jünger auszugeben, ist ein beliebter Trick von heiratswilligen Frauen, und Hanna wünschte sich nichts sehnlicher als ein eigenes Zuhause und Kinder. Wenn es darum ging, sich einen Mann zu angeln, war eine harmlose Notlüge vermutlich erlaubt.

Hanna und Joseph sahen einander wenige Male, bevor sie sich verlobten. Meine Eltern heirateten 1932 in Ulmbach, in einer kleinen Zeremonie. Sie fuhren mit dem Zug nach Nieder-Ohmen, um ihren Hausstand in dem kleinen Haus einzurichten, in dem ich im Jahr darauf zur Welt kam. Papa ging nach dem Abendessen oft zum alten Haus der Familie hinüber, um seinen Bruder zu besuchen. Er redete mit ihm über das Geschäft und darüber, was im Dorf vor sich ging. Aus irgendeinem Grund ging Mama nicht mit, vermutlich fühlte sie sich wie eine Außenseiterin in diesem Dorf, in dem ihr Mann so gut bekannt war.

Meine Mutter hatte von dem Geld, das sie mit in die Ehe gebracht hatte, geschmackvolle Walnussmöbel gekauft – einen Esstisch und Stühle, einen Geschirrschrank und Schlafzimmermöbel, einen eleganten Kleiderschrank eingeschlossen. Sie war sehr zufrieden mit den Möbeln, aber nicht mit meinem Vater. Vielleicht verglich sie ihn mit ihren Brüdern, die praktisch veranlagte Männer waren, ehrgeizig und am Geschäftsleben interessiert. Mein Vater war das Gegenteil davon, er las lieber Bücher über Philosophie, als sich zu überlegen, wie er Geld verdienen könnte. Er hatte keinen einzigen ehrgeizigen Knochen in seinem Körper. Und meine Mutter keinen einzigen philosophischen Knochen in ihrem. Ihre Werte hätten nicht unterschiedlicher gewesen sein können.

Meine Mutter hat Rosel nie verziehen, dass sie sie mit Vater bekannt gemacht hatte. Wann immer sie über ihre Cousine Rosel sprach, klang ihre Stimme hart.

Hanna und Joseph hatten keine große Wahl. Das war eine Tatsache. Wie viele jüdische junge Leute lebten in kleinen hessischen Dörfern? Nicht sehr viele. Weder Hanna noch Joseph waren wohlhabend. Wohlhabend zu sein, hätte geholfen. Sie hätten mehr Kontakte gehabt, und Hanna eine größere Aussteuer.

Mein Vater war idealistisch ohne Ende. Meine Mutter war materialistisch ohne Ende. Sie waren wie Öl und Wasser. Es war unmöglich für sie, sich wirklich zu vermischen, und so duldeten sie sich, anstatt eins zu werden. Ich war das Produkt des Duldens, das einzige Produkt. Bei uns aufzuwachsen, war schmerzhaft. Es gab keine Scherze, kein Gelächter, stattdessen viele Beschwerden meiner Mutter und viele Seufzer („Du weißt, wie deine Mutter ist") meines Vaters.

Ich nenne euch ein Beispiel dafür, wie verschieden sie waren. Nach dem Zweiten Weltkrieg wurde die deutsche Regierung verpflichtet, Juden, die das Land hatten verlassen müssen, Wiedergutmachung zu leisten. Weil wir 1939 aus Deutschland geflohen waren, dem Jahr, als Hitler in Polen einmarschierte, gehörten meine Eltern zu den ersten Kandidaten für dieses Programm. Sie waren gezwungen gewesen, ihr Haus zu verkaufen, zu einem Bruchteil seines Wertes. Meine Mutter sagte mir, ich solle anrufen, damit wir uns für die Teilnahme an dem Wiedergutmachungsprogramm bewerben konnten. Es fiel mir leicht zu telefonieren, denn ich war es gewohnt, für Familie Stern zu sprechen, auch wenn ich erst elf Jahre alt war. Als das Formular kam, sagte mein Vater: „Wir haben genug. Die Leute, die aus Konzentrationslagern befreit worden sind, haben nichts. Wir werden unsere Reparationen für sie zur Verfügung stellen."

Nach Ansicht meiner Mutter hatten wir in Wahrheit nicht sehr viel. Unsere Familie wohnte in einem schäbigen Apartment im dritten Stock eines alten Gebäudes in der 16. Straße, einer der Hauptverkehrsadern von Chicago, in einem Stadtviertel, in dem Menschen mit geringem Einkommen lebten. Meine Eltern arbeiteten beide sehr hart, und es war nie Geld übrig für eine Fahrt in die Stadt, damit ich einen neuen Film sehen oder mir ein neues Kleid in einem Geschäft kaufen konnte, anstatt aus dem Katalog des Kaufhauses Sears Roebuck. Hanna wollte mehr Dinge und ein Leben, das mehr dem der Mittelklasse entsprach.

Nach Ansicht meines Vaters hatten wir viel. Wir waren am Leben, wohnten in einem Apartment mit einem Kühlschrank,

Ruth und ihre Mutter in den USA.

der war bei Sears gekauft. Und wir hatten auch einen Gasherd. Wir hatten genug zu essen, und ich machte ihn stolz, indem ich gut in der Schule war. Kaum jemand aus seiner Familie hatte den Holocaust überlebt. Sein Bruder Meier und dessen Frau Hedwig, seine Schwester Paula, seine Schwester Rifka und andere Angehörige waren ermordet worden. Nur seine beiden Nichten Karola und Hilda hatten Auschwitz überlebt.

In deutschen Familien war der Mann der Haushaltsvorstand. Deshalb gewann mein Vater die Schlacht. Unsere Reparationen wurden Displaced Persons zur Verfügung gestellt. So nannte man aus anderen Ländern verschleppte Menschen, die 1945 aus einem Lager befreit worden waren. Meine Mutter hat ihm das niemals verziehen.

Viele Jahre später, nach dem Tod meines Vaters, vertraute meine Mutter mir an, dass sie es Papa übel genommen hatte, dass er abends Onkel Meier besuchen ging, anstatt bei ihr zu bleiben, als ich ein Baby war. Ich fragte sie, ob sie dachte, dass mein Vater sie geliebt hatte. „Er kannte sich mit Sex aus", antwortete sie. „Aber er hatte keine Ahnung von der Liebe." Sie taten mir beide so leid, als sie das sagte.

Als erwachsene Frau blättere ich gelegentlich im Wartezimmer einer Arztpraxis in einer Frauenzeitschrift, die eine Kolumne mit dem Titel hat: „Kann diese Ehe gerettet werden?" Unwillkürlich denke ich an meine Eltern und sage nein. Heutzutage hätten sie sich scheiden lassen und Menschen gefunden, die besser zu ihnen gepasst hätten. In den 1940er und 1950er Jahren blieben sie zusammen und machten sich gegenseitig unglücklich.

Eines Tages, ich war so um die dreißig, hatte ich meine Mutter mit zum Einkaufen genommen. Ich trug ihr die Tüten in ihre Wohnung, und sie machte uns einen Kaffee. Wir saßen in ihrer Küche, tranken Kaffee, und sie sah plötzlich auf und sagte: „Du musst Hitler für vieles dankbar sein!"

Ich war schockiert. „Was in aller Welt meinst du?"

„Wenn du in Deutschland geblieben wärst", antwortete sie, „würdest du in Nieder-Ohmen gelebt haben. Du hättest einen Mann aus der Provinz geheiratet und hättest ein provinzielles Leben geführt. Hier konntest du eine Ausbildung machen. Du hast ein Buch geschrieben. Du hattest Chancen, die du in Deutschland nie gehabt hättest. Und das Beste von allem: Du endest nicht wie ich!"

Es war mir schwer ums Herz, als ich ihre bitteren Worte hörte, aber natürlich war ich froh, dass ich nicht das Leben meiner Mutter wiederholte. Wie tragisch, so hart zu arbeiten und doch so frustriert und unerfüllt zu sein.

Ich habe meinen Anteil an Sorgen und Schmerz gehabt, aber ich habe auch Befriedigung und Freude aus meinen familiären Beziehungen, meinen Freundschaften und aus meiner Arbeit gezogen. Das empfinde ich als Belohnung. Ich bin unendlich dankbar dafür, dass ich durch Zufall Amerikanerin geworden bin.

Was ich von meinem Vater gelernt habe

Mein Vater, Joseph Stern, fühlte sich in Chicago wie ein Landei – immerhin hatte er die ersten 45 Jahre seines Lebens als Viehhändler in Nieder-Ohmen verbracht, einem Ort mit 1400 Einwohnern in Oberhessen. Die Familie Stern ist in den Archiven seit 1753 im Dorf dokumentiert. In ihrem Buch „Words that Burn Within Me" (Worte, die in mir brennen) schreibt Hilda Stern Cohen: „Ich weiß nicht, seit wann Juden dort lebten, aber ich denke, sie kamen mit den Römern in die

Der Hof der Familie Stern in der heutigen Rathausgasse.

Region. Bis zum Ende des 18. Jahrhunderts gab es dort die Leibeigenen der adeligen Grundherren. Weil sie kein dauerhaftes Aufenthaltsrecht erhielten, waren die Juden gezwungen, von einem Dorf zum anderen zu ziehen. Dann wurde ihnen gestattet, sich niederzulassen." Das Haus meines Großvaters hatte einen Eichenbalken über der Tür, in den die Zahl 1558 geschnitzt war. Sein Vater, Abraham, hatte das Haus gekauft. Abraham Stern, mein Urgroßvater, war der erste, der auf dem neuen jüdischen Friedhof beerdigt wurde. *Und er hat wohl auch den Dorfnamen der Familie geprägt: Abrahams.*

Die Familie meiner Großmutter väterlicherseits hieß Andorn. Mir ist erzählt worden, dass sie aus Andorra kam, einem winzigen Land in den Bergen zwischen Spanien und Frankreich. Wenn man bedenkt, dass Andorra ein streng katholisches Land war und dass die spanische Inquisition im späten 15. Jahrhundert noch sehr mächtig war, kann man sich leicht ausmalen, warum sie weggingen und sich einen gastlicheren Platz suchten, an dem sie sich niederlassen konnten.

Großvater Hirsch Stern (1847-1930). *Der Nieder-Ohmener Viehhändler war laut Alemannia Judaica ein Sohn von Abraham und Betty Stern, geborene Bacharach, und Vater von fünf Kindern.*

Aus irgendeinem Grund wählten sie ein Dorf mitten in Deutschland aus, eines, das nah genug an Nieder-Ohmen war, dass mein Großvater Hirsch Röschen treffen und heiraten konnte.

Hilda schreibt über „einen jährlichen Purim-Ball im Frühjahr, auf dem junge Leute aus anderen Dörfern einander vorgestellt wurden, um sie zu verheiraten".

Vielleicht haben sie sich so getroffen.

Auf dem Land waren viele jüdische Männer Viehhändler. Das war eine nützliche Dienstleistung für die Bauern. Die Familie Stern war mindestens seit den letzten drei Generationen im Viehhandel tätig. Als Joseph 1894 geboren wurde, war seine Familie sehr in das Geschäftsleben in Nieder-Ohmen einbezogen. Mein Vater und sein Bruder Meier stiegen in den Familienbetrieb ein. Mein Vater ging nur bis zur achten Klasse in die Schule. Aber das hielt ihn nicht davon ab, Goethe, Heine und Schiller zu lesen. Als Junge las er auch James Fennimore Coopers Bücher über den Wilden Westen und träumte von der weiten Prärie. Die Freude am Lesen habe ich von meinem Vater. Er las nicht nur gerne, er erzählte mir auch gerne, was er las, und ich war eine gute Zuhörerin, selbst wenn ich nicht wusste, worüber er sprach. „Lesen ist ein Weg, etwas über die Welt zu erfahren und über die unterschiedlichen Sichtweisen der Leute", sagte er.

Als Kind habe ich Bücher geliebt, die Geschichten über ferne Orte erzählten. Und das tue ich heute noch.

Als der Erste Weltkrieg begann, war Onkel Meier 23 Jahre alt und Joseph 19. Sie beide kämpften ehrenhaft für das deutsche Vaterland. Mein Vater wurde von den Russen in Bulgarien gefangen genommen und verbrachte sechs Monate in einem Lager. Papa sagte, die Russen hätten ihn als Kriegsgefangenen gut behandelt, und er habe die Gelegenheit genutzt, sich mit den Wachen zu unterhalten und etwas über ihr Land und ihre Denkweise zu erfahren. Für den Rest des Lebens sympathisierte er mit sozialistischen Idealen. Er brachte schwarze Münzen aus Österreich, Ungarn und Bulgarien mit, mit denen ich gerne spielte. Jetzt hängen sie, auf Samt befestigt, an der Wand meines Wohnzimmers.

Bevor Papa Mama heiratete, lebte er *in der Hintergasse, der heutigen Rathausgasse*, in seinem großen Elternhaus, zusammen mit seinem Vater, der 1930 starb, seinem Bruder und

Joseph Stern.

seiner Schwägerin, Meier und Hedwig, ihren Töchtern Hilda und Karola und seiner Schwester Toni. Sein Leben drehte sich um die Familie seines Bruders, und er hatte viele gute Freunde unter den Bauern der Gemeinde. Diese Männer hatte er sein ganzes Leben gekannt, sie waren zusammen zur Schule gegangen, spielten Skat zusammen und tauschten Bücher untereinander aus. Es herrschte ein großes Einverständnis zwischen ihnen.

Die Synagoge von Nieder-Ohmen war ein Fachwerkhaus, das 1827 umgebaut worden war. Es gab niemals mehr als dreißig jüdische Familien im Dorf. Die Juden feiern Sabbat am Samstag. Am Samstagnachmittag gingen alle spazieren. Viele Tätigkeiten waren am Sabbat verboten, aber Spaziergänge und Besuche bei Freunden waren erlaubt. Mein Vater war ein guter Geher und machte große Schritte. Ich musste rennen, um mit ihm mitzukommen.

Versucht euch vorzustellen, wie das Leben für Joseph in der ersten Zeit in Chicago war. Er fühlte sich wie ein kleiner Fisch, umgeben von großen Fischen in einem großen, fremden Teich. Jeder schien in Eile zu sein, und alle stoben in unterschiedliche Richtungen davon. Straßenbahnen, Busse, Lastwagen und Autos rasten die belebten Straßen hinunter. Er vermisste die sanften Hügel und die friedvolle Umgebung seines geliebten Nieder-Ohmen so sehr. Trotzdem wusste er, dass es besser war, in Chicago frei zu sein, als in Nieder-Ohmen unterdrückt. Und wie so viele Emigranten vor ihm dachte er: Dies mag das Schwerste sein, das ich jemals zu tun hatte, aber ich werde Arbeit finden und mich an das Leben in Chicago gewöhnen.

Von 1940 bis 1945 verfolgte mein Vater wie besessen die Fortschritte der Alliierten, die gegen Nazi-Deutschland kämpften. Jeden Abend saß er über den Karten, die in den Zeitungen abgedruckt waren, um zu sehen, wo die Truppen kämpften. Ich habe in dieser Zeit gelernt, wo welches europäische Land liegt. Vielleicht wünsche ich mir, all diese Länder zu bereisen, weil ich damals Karte um Karte betrachtet habe.

Papa fand in Chicago keine Arbeit, die ihn interessierte. Sein erster Job war, in einem Fleischerladen toten Hühnern die Federn auszureißen. Das war die einzige Arbeit, die er 1939 finden konnte. Er tat das ein paar Monate lang, bis er Ausbeiner in den Schlachthöfen wurde. Ironischerweise kam

Ruth mit ihren Töchtern Felicia und Amy (mit
Katze Goldie) und ihrem Vater Joseph (mit Hund Fluffy).

er also vom Verkauf lebenden Viehs zum Aufschneiden toter Rinder. Er zog die lebenden vor.

Mein Dad mochte Kühe wirklich. Viele Jahre später, als er nach Livermore, Kalifornien, gezogen war, fuhr er manchmal mit dem Rad raus auf die Felder an der North-Livermore Avenue und streichelte die Köpfe der Rinder, die zu ihm an den Zaun kamen.

Sein Lieblingslied in Amerika wurde „Don't fence me in" (*Zäun/sperr mich nicht ein*): „O, gib mir Land, viel Land unterm Sternenhimmel. Sperr mich nicht ein. Lass mich in das weite, offene Land reiten, das ich liebe. Sperr mich nicht ein." Ich bin sicher, dass das Lied sein Bedauern darüber widerspiegelte, eingesperrt zu sein, in einer überfüllten Stadt zu leben, obwohl er gewünscht hätte, in einer ländlichen Gegend zu sein, unterm Sternenhimmel.

Mein Dad mochte auch die irische Musik dieser Zeit – traurige Lieder, ohne Zweifel, die seiner Sehnsucht entsprachen, woanders zu sein.

An Samstagnachmittagen machten mein Vater und ich den traditionellen Nieder-Ohmener Sabbatspaziergang. Der Douglas Park war in der Nähe unseres Hauses. Es war ein typischer Stadtpark mit hohen, alten Ahornbäumen und Eichen. Es gab einen Teich in der Mitte, und wir gingen häufig den Asphaltpfad um den Teich herum und zeigten auf die Enten und Gänse, die an seinem Rand entlang schwammen.

Häufig zogen wir ohne meine Mutter los, die ein Samstagnachmittagsschläfchen machte. Zeit mit meinem Vater alleine zu verbringen, war ein Vergnügen, und ich lernte, eine schnelle Spaziergängerin zu werden, um mit seinen großen Schritten mithalten zu können. Wenigstens musste ich nicht mehr rennen.

Bis heute sagen die Leute, ich liefe zu schnell. Das ist etwas, das ich von meinem Vater habe.

Politik war ein häufiges Diskussionsthema bei uns zu Hause während der turbulenten Jahre des Zweiten Weltkriegs. Mein Vater war ein großer Bewunderer von Präsident Franklin Delano Roosevelt. Papa fand ein Foto von ihm auf dem Titelblatt der Sonntagszeitung, schnitt es sehr sorgsam aus und rahmte es ein. Ich erinnere mich, dass es jahrelang an der Wand genau über der Heizung im Wohnzimmer hing.

Ich habe mich immer für das politische Geschehen interessiert und dafür, was ich tun kann, um wenigstens einen kleinen Beitrag zu leisten. Ich verdanke das dem Einfluss meines Vaters. Papa war ein Mann seiner Generation. Er konnte über ein Buch sprechen, das er las, oder über eine Schlacht, die die US Army gewonnen hatte, aber er sprach nie über seine Ängste, seine zärtlichen Gefühle oder seine Enttäuschungen. „Echte Männer" redeten nicht über solche Dinge, war seine Ansicht.

„Handlungen sprechen lauter als Worte", sagte mein Vater zu mir. „Schau dir an, wie General George Marshall gehandelt hat, um Europa nach dem Zweiten Weltkrieg vor dem Verhungern zu bewahren: Er hat den Marshall Plan gestartet. Das ist etwas, das wirklich die Welt verbessert."

Dad schaute nicht nur zu Leuten auf, die etwas taten, um die Welt zu verbessern. Auf seine sehr persönliche Art handelte er auch.

Wir besaßen nie ein Auto. Unsere Familie nutzte öffentliche Verkehrsmittel. Meinem Vater fiel auf, dass, wann immer eine schwarze Frau oder ein schwarzer Mann am Fenster saßen, sich Weiße nicht dazu setzen wollten. Papa nahm wahr, dass das etwas mit dem Rassismus zu tun hatte. Und so machte er es zu seiner Mission, sich neben Schwarze zu setzen, wann immer er mit dem Bus oder der Bahn fuhr. Ihn das als Kind tun zu sehen, hat mich gelehrt, seinem Beispiel zu folgen, und ich habe mich immer wohlgefühlt, wenn ich diese kleine Geste des guten Willens machen konnte.

Jahre später habe ich ihn danach gefragt. „Ich habe am eigenen Leib erfahren, wie es sich anfühlt, diskriminiert zu werden", sagte er nachdenklich. „Ich möchte es hier nicht mit ansehen. Ich hatte mich dafür entschieden, mir selbst und den anderen Leuten im Bus zu zeigen, dass ich Schwarze nicht diskriminiere. Manchmal sah ich einen anderen weißen Fahrgast sich neben einen schwarzen Fahrgast setzen, nachdem ich es getan hatte, und das hat mich froh gemacht."

Ich habe mir oft gewünscht, das Leben meines Vaters wäre glücklicher gewesen, aber wenn ich mir klarmache, dass er glücklich war, wenn jemand anders seinem Beispiel folgte, dann hatte er wohl mehr glückliche Momente, als ich geahnt hatte.

Drei sein
und verwundert sein

Die dreijährige Ruth und ihre Oma Fannie (1936).

Ein kleines Mädchen in einem Dorf zu sein, fühlte sich im Deutschland von 1930 sicher und freundlich an. Schon im Alter von drei Jahren konnte ich meiner Mutter sagen, ich würde Anna besuchen, und dann nach nebenan gehen. Ich half Anna beim Schälen der Erbsen oder beim Plätzchenbacken. Alle in der Nachbarschaft kannten mich, und ich kannte sie. Nach dem Abendessen gingen mein Vater und ich häufig zu Onkel Meier. Die beiden Brüder sprachen besorgt über das, was in ihrem Land vor sich ging, während meine Kusine Karola und

ich spielten. Obwohl sie acht Jahre älter war als ich, dachte sie
sich immer etwas aus, das sie mit mir spielen konnte.

Das alles änderte sich in der ersten Nacht, in der ich laute,
martialische Lieder hörte, gesungen von heranwachsenden
Jungen, begleitet vom Stampfen ihrer Stiefel auf den Pflaster-
steinen. Meine Eltern machten das Licht aus, standen in einer
Ecke des Wohnzimmers und beobachteten durch die Gardine,

Karola Stern (von links) und ihre Freundinnen Elfriede Roth und Trudi.

wie die Hitlerjugend die Straße hinuntermarschierte. Die
Jungen hatten Steine in der Hand. Wann immer sie Licht in
dem Haus einer jüdischen Familie sahen, warfen sie Steine auf
die Fenster.

Ich verstand nicht, was los war. Ich wusste nur, dass meine Mutter sich fürchtete und mein sonst so ruhiger Vater sich unwohl fühlte. Also war ich durcheinander und verängstigt. Die Hitlerjugend hatte mehrere Male die Woche ein abendliches Treffen, und so wiederholte sich das Geschehen. Falls wir vergessen hatten, das Licht zu löschen, machten die Steine, die sie auf das Haus warfen, ein Geräusch, das wie „tatt, tatt, tatt" klang.

Sie zielten auf die Fenster, aber sie trafen sie nie. Alles schien sich verändert zu haben. Unsere Nachbarn waren nicht mehr so freundlich zu uns, zumindest nicht, wenn andere Leute sie womöglich sahen. Es gab überall Nazispione, die „Arier" melden würden, die sich mit Juden abgaben. Das entspannte Gefühl, das ich gehabt hatte, wenn ich unser Haus verließ, war nicht länger da. Die Spannung in unserem Dorf machte etwas mit allen – sowohl mit Erwachsenen als auch mit den Kindern. Das Leben in Nieder-Ohmen würde nie wieder sein wie früher.

Tante Rifka

*Rebekka Stern, genannt Rifka (1937), hatte Wohnrecht
im Haus ihres Neffen. Die 78-Jährige verließ laut
Heinrich Reichel ihr Heimatdorf am 6. März 1939
und starb am 30. März 1942 in Frankfurt.*

Tante Rifka, Rebekka Stern, war die Tante meines Vaters und
die Widersacherin meiner Mutter. Sie gehörte zu unserem
Haus wie der Holzofen und die Wasserpumpe am Wasch-
becken. So ist es mir erzählt worden: Großvater Hirsch besaß
zwei Häuser in Nieder-Ohmen, dem hessischen Dorf, in dem
ich geboren bin. Eines war ein geräumiges Fachwerkhaus aus
dem 16. Jahrhundert. Das andere war deutlich kleiner und
neuer, *eine bescheidene Hofreite mit Stall und Scheune unter
einem Dach.* Die obere Hälfte der Fassade war mit Brettern
verkleidet, die bräunlich gestrichen waren. Der Rest des

Fachwerks lag unter einem rötlich angestrichenen Putz. Als ich das erste Mal wieder in Nieder-Ohmen war, stand es noch, war aber in einem schlechten Zustand. Wenige Jahre später ist es abgerissen worden.

Als mein Großvater starb, vererbte er das Haus der Familie in der *Hintergasse, der heutigen Rathausgasse*, an seinen ältesten Sohn, Meier, und das kleine Haus, Am Berg 34 (heute 28), an meinen Vater, Joseph. Solange Papa Junggeselle war, lebte er bei seinem Bruder und dessen Familie. Dazu gehörten meine Tante Hedwig, meine Cousinen Hilda und Karola und meine Tante Toni. Alle sagten, dass Toni „langsam" sei. „Ihr Hirn ist nicht gewachsen, ihr Körper schon", erklärte mir meine Mutter. „Ihr Körper ist der einer ausgewachsenen Frau, aber sie hat das Gehirn einer Achtjährigen."

Behinderte gehörten zu den Ersten, die in der Nazizeit ermordet wurden. Auch Tante Toni ist ein Opfer des „Euthanasie"-Programms geworden.

Ich mochte Tante Toni. Sie und ich fanden glänzende Käfer und beobachten sie, bis sie zurück in die dunkelbraune Gartenerde krabbelten.

Für einen Juden aus einem Dorf war es schwierig, eine Frau zu finden, weil es oft nur zwei oder drei jüdische Familien in der ganzen Gemeinde gab. Häufig wusste ein Freund oder ein Verwandter von einem möglichen Partner und versuchte die beiden zu verkuppeln. Mamas Cousine Rosel stellte ihr Papa vor, und die beiden beschlossen zu heiraten. Papa machte sich daran, die kleine Hofreite zu renovieren. Er kratzte die abblätternde Farbe von den Wänden. Er strich die Wände hell an. Aber er konnte nichts an Tante Rifka ändern. Sie wohnte in einer kleinen Wohnung im zweiten Stock, und sie hatte vor zu bleiben, egal, wer sonst noch im Haus lebte.

Tante Rifka war eine vierschrötige Frau. Ihre einfachen Blümchenkleider hingen von ihren Schultern bis unter ihre

Knie, aber nicht bis zum Boden. Ich erinnere mich, dass sie schwarze Arbeitsschuhe und weiße Strümpfe trug. Ihr dünnes graues Haar war in der Mitte gescheitelt, geflochten und auf dem Hinterkopf zu einem strengen Knoten gesteckt. Ihr Gesicht hatte viele Falten. Tante Rifka hatte nach unten gezogene Mundwinkel, dünne missbilligende Lippen und tiefe Furchen zwischen ihren Augen.

Das Haus von Joseph Stern (2007 abgerissen). Ein Foto aus Heinrich Reichels Buch, das bei der Kirchengemeinde erhältlich ist.

Wenn ich heute darüber nachdenke, wird mir klar, dass Tante Rifka einfach unglücklich und bitter war. Das Leben war immerhin an ihr vorbeigegangen. Sie hatte keinen Ehemann, der ihr Gesellschaft leistete. Sie hatte keine Kinder, die sich im Alter um sie kümmern würden. Sie hatte keine Enkelkinder, denen sie ihre Gene vererbt hätte. Damals schien sie gemein und rachsüchtig zu sein, besonders zu meiner Mutter, der „anderen Frau", die in ihr Revier eingedrungen war.

„Bamm, bamm, bamm!" Um etwa fünf Uhr morgens stampfte Tante Rifka auf dem Fußboden auf. „Joseph! Mir ist kalt! Steh auf und leg Holz auf!" Mein Vater brüllte zurück: „Geh zurück ins Bett und halt dich warm. Die Sonne schläft noch! Das solltest du auch!"

Ihr Zorn war meist auf meine Mutter gerichtet. Tante Rifka beschwerte sich bei ihr: „Hör auf, Kohl zu kochen! Das stinkt! Ich kann das oben riechen!" „Ich wollte heute Wäsche waschen, und du hast die ganze Wäscheleine vollgehängt!" „Dein Kind da macht zu viel Lärm. Sorg dafür, dass sie ruhig ist!" Wann immer sie verärgert war, hörten wir „bamm", „bamm", „bamm", wenn sie mit den Füßen ihrem Ärger Luft machte.

Ab und zu kam Tante Toni sie besuchen. Tante Toni war sich der ganzen Bitterkeit im Haus nicht bewusst. Sie mochte Tante Rifka, und sie mochte mich. „Komm mit rauf zu Tante Rifka", bat sie mich. „Sie wird uns Kuchen geben." Meine Mutter nickte mir zu. Es war in Ordnung für sie. Tante Rifka strahlte. „Ich habe Kuchen gebacken – für meinen Besuch!" Ich war verblüfft. Kuchen? Lächeln? Besuch? Was ging da vor sich? Als ich auf dem Sofa saß und meinen Rosinenkuchen aß, beobachtete ich Tante Rifka. Sie hatte einen kleinen roten Ball und eine alte Rührschüssel geholt. „Guckt", rief sie. „Lasst uns sehen, wer den Ball in die Schüssel kriegt!"

Als Toni und ich lachten und spielten, wurde Tante Rifkas Gesicht weicher, und ihre Augen leuchteten. Irgendwie wurde mir klar, dass Tante Rifka bekam, was sie am meisten begehrte – Gesellschaft und Aufmerksamkeit.

Eine Begegnung
am Sonntagmorgen

Minna Ohnacker (links), Anna Reichel und Ruthchen.

Das geräumige zweistöckige Bauernhaus stand mitten in einem u-förmigen, gepflasterten Hof. Die Tiere lebten auf der linken Seite im Stall, und ihr Futter wurde auf der rechten Seite in der Scheune gelagert. Obwohl es noch früh am Tag war, ungefähr neun, streichelte die warme Julisonne den kleinen Haufen Häuser, der Nieder-Ohmen war.
Der Bauernhof war einer der größten im Dorf. Er gehörte der Familie Ohnacker, hart arbeitenden, wohlhabenden Bauern. Das Haus unserer Familie, bescheiden und vielleicht ein wenig schäbig, stand gleich nebenan.

An diesem besonderen Julimorgen arbeitete Minna Ohnacker schon. Über ihr hellgraues Sommerkleid hatte sie eine dunkelblaue Schürze gezogen. Sie war eine robuste Landfrau, etwa 50 Jahre alt, mittelgroß und breitschultrig.

Wenn Ihr sie gesehen hättet, wäre Euch sofort klar gewesen, dass sie für den Haushalt zuständig war und dass sie eine warmherzige, nette Frau war, die freundliche Zuversicht verbreitete. Ich sah ihr von unserer Treppe aus zu und rannte zu ihr mit dem Elan einer Vierjährigen. Ich trug ein rosa und blau geblümtes Baumwollkleid, das über meinen Beinen bauschte, als ich über das Kopfsteinpflaster flitzte. Mein kurzes dunkles Haar rahmte ein schmales, herzförmiges Gesicht ein, dessen teefarbene braune Augen mit freundlicher Neugier leuchteten.

„Frau Ohnacker, was machst du da?", fragte ich.

„Der Emil und ich gehen nachher in die Kirche, und ich putze seine Schuhe", antwortete sie.

„Frau Ohnacker, was fehlt deinem Mann? Warum kann er seine Schuhe nicht selbst putzen?"

Viele Jahre später, 1979, haben meine beiden Töchter, mein Mann und ich Nieder-Ohmen besucht. Die Nachbarn, an die ich mich aus meiner Kindheit erinnerte, lebten alle noch. Sie entschlossen sich, ein spontanes Fest auszurichten, um das Wiedersehen zu feiern. Herzhaftes deutsches Essen erschien wie von Zauberhand, viele Würste, Sauerteigbrot, Apfelkuchen und Obsttorte. Nachbarn erzählten Geschichten über meine Familie, um meinen Mann Burt und meine Töchter Amy (18) und Felicia (14) zu unterhalten.

Frau Ohnacker, inzwischen über achtzig, immer noch rüstig und auf dem Quivive, erzählte uns, dass sie nie den Tag vergessen habe, als ich mich darüber gewundert hatte, dass ihr Mann seine Schuhe nicht selbst putzte. Natürlich hätte sie niemals etwas so Radikales vorgeschlagen, aber sie hatte die Geschichte all die Jahre Verwandten und Freunden erzählt.

Als mein Mann das hörte, warf er den Kopf in den Nacken und lachte herzlich. „Ruth", kicherte er, „du musst 1938 Deutschlands erste Feministin gewesen sein, im Alter von vier. Sogar damals hast du dich für unterdrückte Minderheiten eingesetzt, und du hast dich kein bisschen verändert!"

Schlittenfahrt
im Mondlicht

Weicher, sanfter Schnee war in Nieder-Ohmen während des Tages gefallen. Das Dorf, umgeben von Hügeln, sah aus wie ein Wintergemälde, seine Ziegeldächer schienen in weiße Betttücher gehüllt. Es war sechs Uhr abends. Dunkelheit hatte sich über das Dorf gelegt. Man konnte Licht in den Häusern sehen und das Brutzeln von Fleisch und Bratkartoffeln hören, die die Landfrauen in der Pfanne zubereiteten. Die Männer hatten ihre Pflichten erledigt und wuschen sich vor dem Abendessen. Meine Mutter, mein Vater und ich hatten uns gerade an den Tisch gesetzt. Die Erwachsenen sprachen leise über Nazis und machten ernste Gesichter.

„Was sind Nazis?", fragte ich.

„Nieder-Ohmener Nazis haben unsere kleine Synagoge verwüstet", antwortete meine Mutter voller Zorn. *Im September 1935 hatten sechs betrunkene junge Männer Fenster und Türen von Häusern jüdischer Familien beschädigt und Einrichtungsgegenstände in der Synagoge zerstört. Das Schöffengericht Gießen hatte sie 1936 zu drei bis acht Wochen Gefängnis verurteilt. „Der Israelit" hatte darüber berichtet.*

„Was sind Nazis", beharrte ich.

„Das sind böse Leute, die andere für ihre Probleme verantwortlich machen", antwortete Mama.

„Die anständigen Deutschen werden dieses Verhalten nicht dulden. Sie werden aufstehen und dem ein Ende machen", sagte Papa, um uns zu beruhigen.

„Verlass dich nicht drauf", schnappte meine Mutter. Keiner sagte etwas. Ich pikste Erbsen mit meiner Gabel auf und steckte sie in meinen Mund.

„Klopf, klopf." Eine fröhliche Stimme war an der Tür zu hören. „Ich bin's, Anna. Ich habe meinen Schlitten dabei, und ich suche nach einer Spielgefährtin. Kann Ruthchen mitkommen und mit mir Schlitten fahren?"

Ich sprang vom Tisch auf und öffnete die Tür. *Daniels Anna, wie Anna Reichel im Dorf hieß,* trug eine braune Tweedjacke, eine gestrickte weiße Mütze und warme, schwarze Fäustlinge. Dicke schwarze Strümpfe bedeckten ihre Beine, und sie trug grobe Arbeitsschuhe, wie die meisten Landfrauen in den Dreißigern. Annas freundliches Lächeln und ihre strahlend blauen Augen lösten die Spannung sofort auf, die während des Tischgesprächs geherrscht hatte.

„Oh, bitte, Mama! Darf ich mit Anna gehen?"

„Ja, das darfst du", antwortete meine Mutter schnell. „Ich hol dir deine Jacke und die langen warmen Strümpfe. Wir ziehen dich an für die kalte Nacht."

Ich war so aufgeregt, dass ich auf und ab hüpfte. Mit Anna Schlitten zu fahren, war eine meiner Lieblingsbeschäftigungen. Anna wohnte nebenan und hatte keine eigenen Kinder. Sie war eine lebhafte junge Frau, die einfach gerne mit Kindern zusammen war, und sie hatte ein natürliches Talent dafür. Hätte sie heute gelebt, wäre sie wahrscheinlich Erzieherin geworden.

Im Jahr zuvor waren Anna und ich nachmittags Schlitten gefahren, nachdem ihre Arbeit getan war. Dieses Jahr fuhren wir abends Schlitten. Ich fand, abends machte Schlittenfahren sogar noch mehr Spaß als am Nachmittag. Es war etwas Geheimnisvolles, im Dunkeln auf dem Hügel hinter den Häusern zu sein.

Es war egal, dass ich den Grund für diese späten Ausflüge nicht kannte, aber Anna kannte ihn, und meine Mutter und mein Vater auch. Alle drei wussten, dass Anna ein Risiko auf sich nahm, wenn sie sich mit Juden abgab. Am Abend war die Gefahr, von der Hitlerjugend gesehen und bei den Behörden gemeldet zu werden, kleiner. Keiner sprach darüber. Die Erwachsenen murmelten Grüße, als Mama mir meinen warmen braunen Mantel und die passenden Strümpfe anzog und mir eine Mütze aufsetzte. Sie wickelte einen weißen Schal um meinen Hals und stülpte grüne Fäustlinge über meine Hände. Ich dachte: „Ich bin so warm angezogen, ich könnte dahin gehen, wo die Eisbären wohnen."

Ich griff nach Annas Hand und zog sie zur Tür, sobald Mama mich losließ. Der hölzerne Schlitten stand vor dem Haus. Anna nahm das Seil auf der einen Seite, ich an der anderen. Zusammen zogen wir den Schlitten den sanft ansteigenden Hügel hinauf. Anna sang ein albernes Lied über einen Jungen, der seinen Strumpf in Lauterbach verloren hatte und ohne ihn nicht nach Hause gehen konnte. Ich sang mit, und wir beide stapften lachend den Hügel hinauf. Als wir oben ankamen, kletterte Anna auf den Schlitten und setzte mich vor sich. Ihre starken Arme hielten mich ganz fest. Anna stieß sich ab, und wir glitten den Hügel hinunter und kamen unten ganz sanft zum Halten.

Der Vollmond schien. Während wir wieder und wieder den Schlitten den Hügel hinaufzogen und hinunterfuhren, streichelte uns das Mondlicht, und wir sahen unsere Schatten im Schnee, der im Mondschein glitzerte. Es muss eine Stunde vergangen gewesen sein, als Anna sagte: „Die Kuh will morgen ganz früh gemolken werden. Es ist Zeit heimzugehen."

Zögernd kehrte ich in unser Haus zurück, wo die Stimmung so angespannt war. Aber für einen Abend im Mondlicht war die Welt in Ordnung gewesen.

Anna ist noch zwei Winter gekommen, um mit mir Schlitten zu fahren. Bis zu dem Winter, als wir auswanderten.

Die Fahrt nach Stuttgart

SA-Aufmarsch in Nieder-Ohmen 1933.

Am Hauptbahnhof in Stuttgart stiegen wir aus. Wenn ihr dort gewesen wäret, hättet ihr meine Mutter gesehen, eine schlanke Frau in ihren späten Dreißigern in einem grauen Mantel, mit einem knapp sitzenden Filzhut und vernünftigen schwarzen Halbschuhen, die eine ziemlich große schwarze Lederhandtasche trug. Sie war nicht groß, nur etwa 1,57 Meter, aber sie hatte etwas Starkes und Entschlossenes. Einzelne Strähnen ihres braunen, lockigen Haars versuchten hier und dort, dem Hut zu entkommen. Ihre grauen Augen blickten besorgt, und sie hatte eine Falte auf der Stirn. Sie stieg als Erste aus dem Zug und hob mich, ein kleines, fünf Jahre altes Mädchen, von der hohen Stufe.

Ich war nach einer anderen Mode gekleidet als meine Mutter. Ich trug einen schicken braunen Wollmantel und eine dazu passende Haube, die unter meinem Kinn gebunden war. Wenn ich ging, konnte man einen Blick auf das rosafarbene Baumwollkleid erhaschen, das ich trug – mein allerbestes Kleid. Ich trug eine rosafarbene, bedruckte Tasche mit kleinen Blumen drauf – sehr wahrscheinlich selbst angefertigt. Aus der Tasche lugte eine Stoffpuppe heraus, und es schienen ein oder zwei Kinderbücher unten drin zu sein. Ich hätte so zu einer Geburtstagsfeier oder zu Besuch zu meiner Großmutter gehen können. Der Ausdruck in meinen Augen war eine Mischung aus Aufregung darüber, in einer so geschäftigen, großen Stadt zu sein, und Angst, weil mich die Anspannung meiner Mutter ansteckte.

Meine Mutter nahm mich fest an die Hand und ging schnell mit mir zum Fahrkartenschalter. „Entschuldigen Sie", sagte sie zu dem Bahnangestellten. „Könnten Sie mir bitte sagen, wie ich zum Gestapo-Hauptquartier komme?" Dort war auch die SS, die ebenfalls sehr gefürchtete „Schutzstaffel", die für die Konzentrationslager zuständig war.

„Ja, gnädige Frau. Gehen Sie diese Straße entlang und biegen dann nach rechts ein. Fragen Sie nach dem Hotel Silber."

„Danke für Ihre Hilfe", wisperte Mama und schaffte es, ein vages Lächeln aufzusetzen.

Und so sind meine Mutter und ich unter einem grauen Winterhimmel die Straße in Stuttgart hinuntergegangen. Wir sahen warm angezogene Frauen, die ihre täglichen Einkäufe machten, Brotlaibe und Taschen voller Karotten und Kartoffeln trugen. Es war früh im Dezember, und einige Geschäfte, an denen wir vorbeikamen, waren weihnachtlich dekoriert. Irgendwo in der Nähe spielte ein Radio „O Tannenbaum". Ich war überwältigt von den Schaufenstern.

Im ersten Geschäft, an dem wir vorbeikamen, waren Teller in vielen unterschiedlichen Mustern ausgestellt, einige mit Goldrand, andere mit gemalten Blumen in leuchtenden Farben. Da waren blanke Kupfertöpfe und schwarze Eisenpfannen, Bleikristallkelche und dazu passende Krüge. Das nächste Geschäft verkaufte Wäsche – weiche Federbetten, bestickte Kissenhüllen, Decken und hübsche Tischtücher, alles geschmackvoll im Schaufenster arrangiert. Das Beste von allem war der Spielzeugladen. Da Weihnachten so nah war, platzte das Fenster aus allen Nähten mit buntem Spielzeug: Puppen aller Größen, Eisenbahnen aus Holz und Metall, Kasperlepuppen und aufziehbares Spielzeug, aber auch Puzzles und Bücher.

„Oh, bitte, Mama", flehte ich, „können wir nicht reingehen? Nur für eine Minute."

„Nein, Ruthchen, du weißt, wir haben einen Termin um halb elf. Wir haben keine Zeit, jetzt in ein Geschäft zu gehen", antwortete meine Mutter knapp. Sie nahm mich fest an der Hand und ging schnell weiter.

Endlich kamen wir zu dem beeindruckenden dreistöckigen Backsteingebäude. Eine uniformierte Wache stand auf jeder Seite eines großen, geschnitzten hölzernen Tores. Als wir die drei Stufen zum Eingang hochstiegen, machte meine Mutter ihren Rücken gerade, nahm einen tiefen Atemzug und stieß die Tür auf. Wir beide gingen zögernd in die imposante Halle. Ein Kronleuchter hing von der geschnitzten Decke, und die farbigen Mosaikfliesen hatten ein wirbeliges Muster. Vielleicht war dieses Gebäude vor langer Zeit das Zuhause einer reichen Fabrikbesitzerfamilie gewesen. Elegant genug war es.

In der Mitte der Halle stand ein einfacher Holztisch. Ein uniformierter junger Mann saß dahinter. Meine Mutter und ich näherten uns ihm. „Mein Name ist Hanna Stern", sagte meine Mutter. „Ich habe einen Termin um halb elf."

„Bitte setzen Sie sich", antwortete der junge Mann höflich. Wir setzten uns nebeneinander. Ich streichelte das gelbe Wollhaar meiner Stoffpuppe, die genauso ein rosafarbenes Kleid trug wie ich. Meine Mutter hatte das Puppenkleid aus Stoffresten gefertigt, die beim Nähen meines Kleides übrig geblieben waren. „Sie werden jetzt erwartet", verkündete der Mann am Tisch. „Hier entlang, bitte."

Er begleitete meine Mutter und mich in ein großes, holzgetäfeltes Büro mit einer hohen Decke und einem Orientteppich auf dem Boden. Hinter einem großen Schreibtisch saß ein Mann mittleren Alters in einer maßgeschneiderten schwarzen Uniform. Er hatte strohblondes, dünner werdendes Haar, und seine blauen Augen wurden von einer Brille mit Drahtgestell eingerahmt.

Er sah von seinen Papieren auf, als wir hereinkamen, und sagte in scharfem Ton: „Sie wollten mich sprechen. Was wollen Sie?" Ich drängte mich nah an meine Mutter und konnte sie tief einatmen hören. Mama hielt mich so fest am Handgelenk, dass es weh tat, aber ich gab keinen Laut von mir. Nach einer Weile sagte Mama: „Ich bin gekommen, weil ich um die Entlassung von Joseph Stern, meinem Ehemann, aus Buchenwald bitten möchte." *Jüdische Männer aus Nieder-Ohmen waren in das Lager in der Nähe von Weimar gebracht worden.* „Sehen Sie, meine Angehörigen in Amerika haben Papiere geschickt, sie bürgen für uns. Die Papiere sind eine Woche, nachdem mein Mann fort war, angekommen. Wenn er freigelassen wird, werden wir unseren Besitz verkaufen und so bald wie möglich gehen." *Das war die Bedingung, unter der die SS Juden frei ließ, die nach der Pogromnacht ins Lager gesperrt worden waren. 26 000 jüdische Männer waren im November 1938 in „Schutzhaft" genommen und nach Buchenwald, Dachau oder Sachsenhausen gebracht worden. Die meisten wurden innerhalb der nächsten Wochen und Monate mit der Auflage entlassen, über die Haftbedingungen zu schweigen und Deutschland zu verlassen. Hunderte starben im Konzentrationslager.*

Der SS-Mann hinter dem Schreibtisch war für einen Moment still. Dann wandte er sich an mich und sagte: „Ich habe auch eine Tochter. Sie ist sechs, und ihr Name ist Trudi. Wie heißt du, und wie alt bist du?"

„Ruth", antwortete ich leise und ängstlich. „Ich bin fünf. Meine Puppe heißt Heidi. Sie ist zwei."

Der Mann wandte sich an Mama. „Ich werde die Papiere unterzeichnen, damit Ihr Mann entlassen wird", verkündete er. „In einer Woche ist er zu Hause."

Ich fühlte, wie Mama ihren Griff um mein Handgelenk lockerte, als sie freudig ausrief: „Oh, danke! Danke! Sie sind ein netter Mensch."

Der SS-Mann sah auf seine Unterlagen und schien für einen Moment von Mamas Erleichterung und Dankbarkeit gerührt zu sein. Er räusperte sich, dann sagte er brüsk: „Auf Ihrem Weg nach draußen schicken Sie meinen Assistenten herein, und ich veranlasse, dass die notwendigen Papiere ausgestellt werden."

Mama wusste, es war Zeit zu gehen. Sie nahm mich an der Hand und verließ das Büro. Wir blieben im Empfangsraum stehen, um dem jungen Mann zu sagen, dass sein Vorgesetzter ihn zu sehen wünschte, und verließen dann eilig das Gebäude. Es war fast, als hätte Mama Angst, der SS-Mann könnte seine Meinung ändern, wenn wir bummelten.

Wie hatte sich die Stimmung verändert! Mama lächelte und unterhielt sich fröhlich mit uns. Sie erlaubte mir sogar vorauszulaufen. „Ich habe eine Idee", rief Mama. „Lass uns in ein Café gehen und Kakao und Kuchen bestellen. Und dann nichts wie auf in den Spielzeugladen. Wir kaufen dir etwas, das du nach Amerika mitnehmen kannst. Ein ganz neues Leben wartet auf uns."

Meine Freundin Rosi

Wie diese Kühe der Familie Dächer in Ober-Gleen hat
Rosi ausgesehen, aber sie hatte einen weißen Diamanten
auf der Stirn. Für Ruth war sie die schönste Kuh der Welt.

„Papa, Papa, können wir auf die Weide gehen und Rosi
besuchen", bestürmte ich meinen Vater, als ich ins Wohnzimmer hüpfte. Ich trug ein geblümtes Baumwollkleid mit kleinen,
pastellfarbenen Blumen auf einem hellblauen Untergrund. Es
war das richtige Kleid für ein kleines Mädchen am Sabbat Mitte
der Dreißiger auf dem Land. Am Samstag, dem Sabbat, war
Arbeit verboten. Man durfte kein Feuer machen, nicht schreiben, kein Geld bei sich haben und auch kein Licht anschalten.
Es gab vieles, was man nicht tun durfte, aber Spaziergänge
waren erlaubt.
Mein Vater lag auf dem dunkelgrünen Samtsofa, ganz vertieft
in ein Buch, das er sich vors Gesicht hielt. Er sah auf, lächelte

mich an und sagte: „Lass mich nur eben das Kapitel zu Ende lesen, und ich komme mit dir." Mein Vater las ein Buch über den Wilden Westen von James Fennimore Cooper. Er las gerne Geschichten von der weiten Prärie, von Cowboys und ihren Abenteuern.

Die Sonne schien auf uns beide herab, als wir den Pfad entlang gingen, den die Kühe nahmen, wenn sie auf die Weide getrieben wurden. Die Septembersonne wärmte uns den Rücken, aber die klare Herbstluft warnte uns vor dem bevorstehenden Winter. „Knirsch, knirsch, knirsch!" Unsere Füße traten auf Heu und machten ein angenehmes Geräusch, als wir rasch weitergingen. Ich machte drei oder vier Schritte, wenn mein Vater einen machte. Er hielt mich bei der Hand, und wir sprachen über Onkel Meier, meine Tante Hedwig und meine beiden Cousinen Hilda und Karola, die zehn und acht Jahre älter waren als ich.

Ich hatte verwelkten Spinat dabei, um ihn Rosi zu geben, wenn wir an der Weide ankämen. Sobald Rosi uns sah, muhte sie und kam herüber. Papa und ich streichelten sie und sagten ihr, was für eine gute Kuh sie war. Sie stand still und genoss die Aufmerksamkeit, die sie bekam. Rosis Fell hatte eine rötlichbraune Farbe, und in der Mitte ihres Gesichts hatte sie einen weißen Diamanten. Für mich war sie die schönste Kuh auf der ganzen Welt.

Jeden Nachmittag, wenn Rosi mit all den anderen Kühen des Dorfes zu ihrem Stall zurückging, rannte ich die Stufen unserer Haustreppe hinunter und hinein in den Stall, der unter demselben Dach war, wie eine Garage.

Unser Haus, *Am Berg 28*, stand an einem kleinen Hügel, und Rosis Stall passte perfekt hinein. Der Melkschemel meines Vaters stand dort. Er benutzte ihn jeden Morgen und jeden

Abend, um Rosi zu melken und mir die süße, warme Milch zu trinken zu geben.

„Heute habe ich Hilda und Karola besucht", erzählte ich ihm. „Wir hatten ein Kaffeekränzchen, und Tante Hedwig hat uns sogar Zuckerplätzchen gebacken. Ich mag Karola lieber als Hilda, weil sie so viel lacht und öfter mit mir spielt."

Manchmal leckte Rosi meine Hand mit ihrer langen, roten Sandpapierzunge. Ab und zu leckte sie mir über den Kopf, dann kicherte ich. Wenn uns die Leute im Dorf nicht beachteten, erzählte ich es Rosi. Wenn die Hitlerjugend Steine auf unser Haus warf und „Dreckige Juden" schrie, war Rosi die Erste, der ich anvertraute, wie verstört ich war.

An dem Tag, an dem die SS meinen Vater nach Buchenwald gebracht hatte, klopfte Emil Ohnacker, unser Nachbar, an unsere Tür und sagte leise zu meiner Mutter: „Es tut mir leid wegen Joseph. Ich werde Rosi für dich melken." Meine Mutter und ich waren dankbar, vor allem ich. Ich liebte es, die süße, warme Milch jeden Morgen und jeden Abend zu trinken. Es war, als ob sie Rosis Geschenk für mich wäre.

Ich vermisste meinen Vater sehr. Nachmittags sah mich Rosi mit ihren sanften braunen Augen an und schien meine Traurigkeit und Angst zu fühlen, die ich wegen all dem empfand, was meiner Familie an schlimmen Dingen geschah. „Oh, Rosi! Mama ist so still. Sie macht so ein trauriges, besorgtes Gesicht. Ich mache mir auch Sorgen. Hoffentlich geht es Papa gut." Ich umarmte Rosi und weinte leise.

„Rosi, Rosi! Papa kommt heim! Mama und ich haben es geschafft. Wir sind nach Stuttgart gefahren und haben mit einem SS-Mann gesprochen. Er hat gesagt, er hat eine kleine Tochter in meinem Alter, und er lässt Papa nach Hause gehen! Bist du nicht glücklich, Rosi?" Rosi leckte mir über den Kopf.

Ich gab ihr etwas Salat zu fressen und umarmte ihren Kopf ganz fest.

Als Papa aus Buchenwald kam, erzählte Mama ihm, dass sie ihren Verwandten in Amerika geschrieben und sie gebeten hatte, für uns zu bürgen, damit wir in die USA einwandern durften, und dass sie die Papiere von ihnen bekommen hatte. Papa strich sich gedankenverloren übers Kinn und seufzte: „Ja, wir müssen weg. Es gibt keine Zukunft hier für uns. Die anständigen Leute sind verängstigt, und die Nazis haben die Macht."

Mama und Papa rannten hierhin, dorthin, überall hin, um die Ausreise vorzubreiten. Es war so viel zu tun. Für mich hatten sie keine Zeit.

Jeden Nachmittag hörte Rosi von den Vorbereitungen. Mama fuhr nach Frankfurt und kaufte neue Laken, Kopfkissenbezüge, warme Wolldecken, hübsch bestickte Tischtücher und Servietten. Dann wusch sie alles. Ich fand das seltsam. Warum sollte man neue Sachen waschen? Wer Deutschland verließ, durfte keine neuen Sachen mitnehmen, erklärte mir Mama. Wenn das Leinen gewaschen war, sah es gebraucht aus.

Eines Tages ging ich langsam in Rosis Stall und streichelte ihre Flanke. Ich frage mich, ob sie bemerkt hat, dass ich geweint hatte. „Rosi, Herr Schmidt kauft unser Haus. Er kauft dich auch. Du kannst hier bleiben bei deinen Freunden. Ich wünschte, du könntest mit uns kommen. Papa sagt, wir fahren in eine große Stadt, die Chicago heißt, und da hat niemand Kühe. Ich hoffe, du erinnerst dich an mich, wenn wir in Amerika sind. Du bist meine beste Freundin, und ich werde dich nie vergessen."

Cousine Hilda
ist berühmt

„Words that Burn Within Me." Das Buch von Hilda Stern Cohen.

Als ich 1933 in Nieder-Ohmen zur Welt kam, war meine Cousine Hilda zehn Jahre alt, ein dünnes, ernstes Mädchen mit dunklem, glatten Haar und graubraunen Augen. Sie wohnte ganz in unserer Nähe, im alten Haus der Familie Stern, mit ihrer Mutter, Tante Hedwig, ihrem Vater, Onkel Meier, Papas älterem Bruder, und ihrer lebhaften jüngeren Schwester Karola, die acht Jahre alt war. Papa und ich gingen abends häufig zu ihrem Haus, um sie zu besuchen, während Mama den Abwasch machte.

Manchmal nahm ich meine Puppe mit. Karola und ich spielten Vater, Mutter, Kind und unterhielten uns. Sie erzählte mir von ihren Schulfreundinnen und fragte mich, was ich den Tag über gemacht hatte. Ich erinnere mich, dass Hilda bei einer Lampe saß und in ein Buch vertieft war. Ihr Vater, Onkel Meier, beschwerte sich bei Papa: „Aus Hilda wird nichts werden. Alles, was sie will, ist lesen."

Schon bald durften Karola und Hilda nicht länger in Nieder-Ohmen zur Schule gehen, weil sie jüdisch waren. Karola war schrecklich verletzt, weil ihre beste Freundin Alma ihr gesagt hatte, dass sie nicht mehr mit ihr spielen konnte. „Meine Mutter lässt mich nicht mit Juden spielen", hatte sie Karola erklärt.

Onkel Meier suchte eine jüdische Schule für seine Töchter. Hilda ging zuerst nach Frankfurt, wohnte bei Tante Paula, *der Schwester ihres Vaters*, und Onkel Nathan und ging auf die jüdische Tagesschule. Nach einem Jahr bekam sie die Chance, ein Seminar für jüdische Lehrerinnen und Lehrer in Würzburg zu besuchen. Karola ging auf das jüdische Internat in Bad Nauheim. Sie ahnte nicht, dass sie ihren künftigen Ehemann auf dieser Schule treffen würde. Aber das ist eine andere Geschichte.

Ich war zu jung, um zur Schule zu gehen, und ich vermisste die beiden abends. Jetzt saßen Papa und Onkel Meier nahe beisammen und sprachen leise und ernst über das, was Hitler tat, um Hass zu säen, auch in dem Dorf, in dem unsere Familie seit Jahrhunderten zu Hause war.

„Keine Sorge, Joseph", redete Onkel Meier meinem Vater zu. „Die Deutschen werden Hitlers Unsinn nicht lange mitmachen. Wart's ab! Sie werden ihn abwählen." Papa schüttelte den Kopf. Er war besorgt. „Ich würde das gern glauben, aber ich sehe keinen Hoffnungsschimmer. Anständige Deutsche haben

Angst, dass sie von ihren Nachbarn als Judenfreunde denunziert werden. Andere wollen einfach nichts damit zu tun haben. Und wieder andere wollen uns loswerden. Sie glauben Hitlers Propaganda."

Mama war sicher, dass den Juden Schreckliches bevorstand, und wollte nicht auf das warten, was geschah. Sie schrieb an die Schwester ihres Vaters in Chicago (USA).

„Liebe Tante Dina,
das Leben ist schwer für uns geworden in Deutschland. Die Regierung möchte die Juden aus dem Land heraus haben. Wir müssen gehen. Wir hoffen, Du wirst für uns bürgen. Wir werden hart arbeiten in den USA und Dir und Deiner Familie nicht zur Last fallen.
Ich hoffe, ich höre bald von Dir.
Deine Nichte
Hannah"

Ein paar Tage nach der Kristallnacht, dem 9. November 1938, der Nacht, als Synagogen, jüdische Geschäfte und Wohnungen zerstört, geplündert und in Brand gesetzt wurden, war mein Vater nach Buchenwald gebracht worden, *in ein Konzentrationslager bei Weimar.* Mama erhielt zwei Tage später die Papiere von Tante Dina. Ihre Reaktion war eine Mischung aus großer Erleichterung und großer Verwirrung. Was konnte sie jetzt, da ihr Ehemann in Buchenwald inhaftiert war, unternehmen, um ihn freizubekommen, damit wir diesen beängstigenden Ort verlassen konnten? Ihre Lösung des Problems habe ich in einem früheren Kapitel erzählt. Und so kam es, dass Mama, Papa und ich Deutschland auf einem großen Ozeandampfer verließen und nach Amerika fuhren.

Onkel Meiers Familie blieb in Deutschland. Als das Leben für Juden schwerer und schwerer wurde und die Nazis die Schule in Bad Nauheim schlossen, wurden Karola und einige ihrer Klassenkameradinnen nach Berlin geschickt, um in einer Rüstungsfabrik zu arbeiten. Irgendwann wurde sie nach Auschwitz *im besetzten Polen* deportiert, ein Konzentrationslager, in dem Juden, Sinti und Roma, Homosexuelle und politische Gegner routinemäßig ermordet wurden. Karola war ein Teenager, stark und gewieft. Wie durch ein Wunder überlebte sie das Konzentrationslager. Sie arbeitete in der Gruppe, die die Köpfe der neu ankommenden Häftlinge kahl schor.

Sie wusste, dass ihre Eltern und ihre Schwester Hilda nach Lodz in Polen deportiert worden waren. Karola hörte im August 1944, dass Viehwaggons mit Juden aus dem Ghetto von Lodz in Auschwitz erwartet wurde. Mutig näherte sie sich dem Lagerleiter und fragte, ob sie mit ihm zur Rampe gehen und nachsehen dürfe, ob ihre Eltern und ihre 20-jährige Schwester unter den Neuankömmlingen waren. „Ich werde kein Mädchen zu den Zügen gehen lassen", antwortete er, „aber wenn du einen Mann findest, der hingeht und ihre Namen ruft, kann er es versuchen."

Karola hatte viele Freunde. Für sie war es leicht, einen jungen Mann zu finden, der zum Zug ging. Sie fragte Bumek, ob er gehen würde. „Natürlich", antwortete er rasch. Dort, wo die Viehwaggons ausgeladen wurden, rief er: „Meier Stern! Hedwig Stern!" Viele Leute meldeten sich und sagten, sie seien Hedwig und Meier, aber als er sie fragte, wie ihre Kinder hießen, antwortete keiner von ihnen „Karola und Hilda". Er ging zurück und überbrachte Karola die schlechten Nachrichten.

Karola wusste nicht, dass ihre Eltern im Ghetto von Lodz gestorben waren. Hilda war auf dem Auschwitztransport. Sie stand in der Schlange, die ins Lager geschickt werden sollte, nicht in der Schlange, die sofort in die Gaskammern geschickt wurde. Es gehörte zur üblichen Prozedur in Auschwitz, dass den neuen Häftlingen der Kopf rasiert wurde. Hilda entdeckte Karola unter den Mädchen, die diese Arbeit machten. Die zwei Schwestern lagen sich weinend in den Armen. Sogar die Aufseherin war gerührt und verfügte, dass Karola ihrer Schwester nicht den Kopf rasieren müsse, sondern ihr die Haare ganz kurz schneiden könne.

Karola war seit mehr als zwei Jahren im Lager. Sie schaffte es, ein bisschen Brot und Zucker für ihre hungernde Schwester aufzutreiben. Karola kümmerte sich um Hilda und tat alles, damit sie wieder zu Kräften kam. Das war nicht einfach, weil es niemals genug zu essen gab. Als die SS-Wachen hörten, dass die Russen kamen, ließen sie die Häftlinge aus dem Lager marschieren. Karola und Hilda entkamen und versteckten sich im Wald, bis sie von ein paar sowjetischen Soldaten gefunden wurden, die ihnen etwas zu essen gaben und ihnen halfen.

Schließlich kamen die Mädchen nach Österreich, wo sie in einem Flüchtlingslager lebten, bis wir und andere Angehörige in der Lage waren, sie in die Vereinigten Staaten zu holen. So viele Flüchtlinge und so viel Bürokratie. Es dauerte ein Jahr, alles zu arrangieren. Hilda hatte sich nicht verändert. Im Flüchtlingslager fand sie Bücher, die sie lesen konnte, und Karola sah sie in ein Notizbuch schreiben. Sie zeigte keinem Menschen, was sie schrieb, nicht einmal ihrer Schwester.

Hilda und Karola kamen in die Vereinigten Staaten. Hilda traf und heiratete Werner Cohen, einen Chemiestudenten, der Deutscher war und während des Zweiten Weltkriegs in England gelebt hatte. Er hatte seine Eltern verloren und wusste um die Schrecken des Holocaust. Sie hatten drei Töchter und ließen sich in Baltimore nieder. Hilda hatte ein langes, produktives Leben, sie unterrichtete Hebräisch und war ein respektiertes Mitglied der Jüdischen Gemeinde.

Traurigerweise ist sie 1997 gestorben. Als Werner einige ihrer Papiere durchging, fand er deutsche Gedichte und Kurzgeschichten, die sie während des Jahres in Österreich geschrieben hatte. Er las sie mit Erstaunen. Das sind außergewöhnlich gute Gedichte, dachte er und zeigte sie einem deutschen Professor. Der Professor war beeindruckt. „Werner", sagte er, „diese Gedichte müssen veröffentlicht werden. Ich kenne einen Verleger in Deutschland. Ich schlage vor, du legst sie ihm vor und wartest ab, was er sagt."

Was für eine Antwort Werner bekam! „Diese Gedichte sind so gut wie die von Heinrich Heine", sagte ihm der Verleger. „Es ist uns eine Ehre, sie zu veröffentlichen."

Ihre Gedichte und Kurzgeschichten sind von Tausenden von deutschen Schulkindern gelesen worden. Das Buch ist inzwischen ins Englische übersetzt worden, unter dem Titel „Words That Burn Within Me".

Ich freue mich, berichten zu können, dass meine Cousine Hilda es zu etwas gebracht hat, obwohl alles, was sie wollte, Bücherlesen war. Cousine Hilda ist berühmt!

Karola Stern Steinhardt.   Hilda Stern Cohen.

Hilda und Werner Cohen.   Als Brautpaar 1946.

Die Cousinen Ruth und Karola.

Abreise nach Amerika

Die Deutschland. Ein Foto aus dem Fotoarchiv des
Deutschen Schiffahrtsmuseums, Bremerhaven.

„Hamburg Hauptbahnhof! Hamburg Hauptbahnhof! End-
station! Alle aussteigen", rief der Schaffner. Zwischen Hunder-
ten anderer Fahrgäste in dicken Wintermänteln, Hüten und
Schals gingen mein Vater in seinem braunen und meine
Mutter in ihrem dunkelblauen Mantel in die Bahnhofshalle.
Papa trug zwei große Koffer und Mama zwei kleinere. Papa
stellte seine auf dem Bahnsteig ab, drehte sich zum Zug und
hob mich von der obersten Stufe. Ich trug auch einen warmen
Mantel gegen die Januarkälte. Mein Mantel war braun und an
der Hüfte ausgestellt. Mama hatte ihn in Gießen gekauft, und
ich fand ihn so hübsch.

Ich war schläfrig und desorientiert. Meine Mutter hatte viel Proviant eingepackt für die neunstündige Fahrt von Nieder-Ohmen nach Hamburg, wo wir an Bord des Schiffes gehen würden, das uns nach Amerika bringen sollte. Etwas Sauerteigbrot, Käse und ein glänzender roter Apfel halfen mir dabei, etwas von der Neugier einer Fünfjährigen zurückzugewinnen, und ich beobachtete, was um mich herum passierte. Ich sah meinen Vater an, seinen braunen Hut, seine braunen Schuhe und den braunen Mantel, seine braunen Augen. Plötzlich sah er aus wie ein Braunbär aus meinem Kinderbuch. Meine Mutter hatte ein schmales Gesicht und eine große Nase. Um ihren Hals trug sie einen hellblauen Schal, der gut zu ihrem dunkelblauen Mantel passte. Sie erinnerte mich an einen zerbrechlichen Küstenvogel. Ja, das Essen zeigte Wirkung. Meine Fantasie war zurückgekehrt.

Zwischen anderen mit Koffern beladenen Fahrgästen wurden wir zu Bussen geleitet, die uns alle zum Hafen bringen sollten. Wir alle waren Deutsche, die flohen, weil Hitler uns verfolgen ließ. Es waren Leute dabei, die offen gegen das Regime oder *die für die Nazis keine „Volksgenossen" waren* – Professoren, Schriftsteller, Homosexuelle und natürlich Juden.

Der Bus hielt vor einem großen Gebäude an, das einmal ein Kaufhaus gewesen sein musste. Soweit ich mich erinnere, war es schiefergrau, von der gleichen Farbe wie der Himmel an dem stürmischen Januarmorgen. Drinnen liefen viele blau uniformierte Männer und Frauen herum. Das erinnerte mich an die Ameisenhügel, die ich auf der Weide in der Nähe unseres Hauses so gerne beobachtet hatte. Ich sah mich in dem Gebäude um und konnte die großen Metallklammern sehen, die das Dach hielten. Der Boden war aus grauem Beton. Tische waren in langen Reihen aufgestellt, mit uniformierten Männern dahinter und abreisenden Flüchtlingen, die vor ihnen langsam weitergingen. Die Beamten sprachen in harschem Befehlston, um die möglichen Passagiere hier hin und dorthin zu dirigieren. „Stellen Sie sich in einer Reihe an!", „Stellen Sie Ihren Koffer auf den Tisch!" Ihre Stimmen hallten von den harten, leeren Wänden wider, und es gab einen unangenehmen Lärm. Während die Verwalter sehr laut waren und sich wichtig machten, sprachen die Manschen in der endlosen Schlange vor den langen Tischen leise, respektvoll und manchmal auch zögerlich.

Das Gebäude war in ein Zentrum verwandelt worden, in dem die Koffer und die Körper der abreisenden Flüchtlinge untersucht werden konnten, um sicher zu gehen, dass sie nichts von Wert mit aus dem Land nahmen. Ich erinnere mich daran als an eine demütigende Erfahrung. Ich kann mir nur vorstellen, wie es für meine Eltern gewesen sein mag.

Meine Mutter und ich wurden in einen Bereich für Frauen geleitet, der zur Linken des höhlenartigen Raums lag. Beamtinnen waren dort im Einsatz. Nachdem wir das Spießrutenlaufen hinter uns hatten und unsere Kleider wieder anziehen durften, wurde uns befohlen, zur Tür vor uns nach draußen zu gehen. Auf einmal war alles vorbei. Wir waren draußen in der kalten, frischen Luft. Papa kam angeeilt und rief: „Oh, schön euch zu sehen! Ich habe mich gefragt, wo ihr seid!"

Jetzt waren neue Geräusche zu hören – ein Mann, der Strauß-Walzer auf einem Akkordeon spielte, Leute, die sich unterhielten. Weinen und Gelächter.

Ich schaute geradeaus und sah ein riesiges Schiff. Es schien groß genug zu sein, um alle Einwohner von Nieder-Ohmen aufzunehmen, und alle Gießener gleich mit. Ich hatte noch nie im Leben etwas so Massives gesehen. Es hatte drei rote Schornsteine, und aus jedem von ihnen stiegen weiße Rauchwolken auf. Papa erzählte mir, das Dampfschiff sei die

„Deutschland". Es waren schon Leute an Bord. Einige waren abreisende Passagiere, die hinter der Reling an Deck standen und Freunden und Angehörigen winkten, die am Kai standen. Lächelnde Menschen standen neben weinenden auf diesem Deck. Jung und alt, groß und klein, gut angezogen und schäbig gekleidet. Was für eine Mischung von Leuten!
Ich konnte es kaum erwarten, diese schwimmende Stadt zu betreten und zu sehen, welche Abenteuer uns erwarteten.

Spielplatz
auf hoher See

Stell dir vor, du bist ein fünf Jahre altes Kind, geboren und aufgewachsen in einem kleinen Dorf im Deutschland der Dreißigerjahre, und du findest dich selbst auf einem Ozeandampfer wieder – dem weltgrößten Spielplatz. Denk darüber nach. Auf einem Ozeandampfer kannst du nicht verloren gehen. Die gefährlichen Bereiche auf dem Schiff haben verschlossene Türen mit großen roten „Zutritt verboten"-Schildern, um die Passagiere fernzuhalten.

So viel zu betrachten und kennenzulernen: die breiten, mit dicken Teppichen belegten Treppen, die von einem Deck zum nächsten und dann zu den Kabinen führten. Die Spielsalons, in denen Erwachsene Schach, Karten und andere Spiele spielten. Das einladende Spielzimmer für Kinder mit seinen Aufziehpuppen, Spielen, großen Kissen, Puppen und Plüschtieren in allen Größen und Formen. Die Salons mit den großen Fenstern, durch die man einen Blick aufs Topdeck hatte, wo die Erwachsenen Cocktails tranken, Snacks aßen und sich unterhielten. Das Schönste von allem war der große Speisesaal mit seinen wundervollen Kronleuchtern. Die Tischtücher auf den runden Tischen waren aus Leinendamast. In einem Wasserglas war an jedem Platz eine pastellfarbene Stoffserviette arrangiert. Die Servietten hatten verschiedene Farben beim Frühstück, Mittag- und Abendessen. In der Mitte eines jeden Tisches stand eine kleine Wasserschüssel mit frischen Blumen. Was für eine erstaunliche Vielfalt von Orten, die es für ein Kind zu entdecken gab!

Als Mama, Papa und ich die Gangway der „Deutschland" hinaufstapften, beobachtete ich, was um uns herum vor sich ging. Viele Leute gingen an Bord. Einige waren von ihren Freunden oder Familienangehörigen zum Schiff gebracht worden. Auch wenn ich damals ein kleines Kind war, erinnere ich mich an die intensiven Gefühle, die wir alle hatten, als wir unsere Heimat verließen, um ein neues Leben in Übersee zu beginnen, eine neue Sprache zu sprechen und einen neuen Lebensstil zu lernen.

An Deck bemerkte ich überall lächelnde junge Männer in dunkelblauen Uniformen und blütenweißen Hemden. Jeder von ihnen hatte ein langes Blatt Papier in der Hand. Einer von ihnen kam auf uns zu und sagte: „Willkommen an Bord der Deutschland. Ich bin Erich. Sagen Sie mir bitte Ihren Namen, und ich bringe Sie zu Ihrer Kabine."

„Joseph und Hanna Stern, und unsere Tochter Ruthchen", antwortete Papa.

„Oh, ja! Hier stehen Sie auf meiner Liste. Bitte folgen Sie mir." Er faltete das Papier, steckte es in die Brusttasche, nahm Mama die beiden Koffer mit einer freundlichen, flinken Geste ab und führte uns in die Mitte des Schiffes, wo eine breite Treppe auftauchte.

Eine Treppe hinunter und dann noch eine, einen langen Gang entlang mit nummerierten Türen auf beiden Seiten und einem bunt gemusterten Teppich auf dem Boden, um die Ecke, durch drei weitere Türen, und dann sagte Erich: „Hier wären wir. Kabine 396. Ihr Quartier für eine Woche. Diese Kabine gehört zu meinem Bereich. Ich werde Ihr Steward sein. Wenn Sie etwas benötigen, lassen Sie es mich bitte wissen, und ich werde mein Bestes tun, es zu beschaffen."

Er öffnete die Tür zur Kabine. Ich war gespannt, schaute hinein und sah einen kleinen Raum, in dem alles sauber und ordentlich war. Es gab zwei normale Betten und ein Kinderbett für mich, das unter einem kleinen runden Fenster stand, das Erich Bullauge nannte. Es gab sogar einen Schrank, zwei

Nachtschränkchen und ein kleines Bad. Ich war fasziniert, als mir auffiel, dass alles entweder an der Wand oder am Boden befestigt war. Bald darauf fand ich heraus, warum.

Das Mittagessen wurde als Buffet in einem der Salons serviert. Die Leute kamen an und richteten sich in ihren Kabinen ein. Alles war in Bewegung. Keine Zeit für ein elegantes Essen. Ich fand viele gute Gerichte zum Essen. Alle Arten von Brot und Gebäck, von leicht gebogenen Croissants bis zu Scheiben von dunklem Pumpernickel, dazu Käse, Fleisch und eine Auswahl an Wurst, Hüttenkäse, eingelegten Gurken und Tomaten, Oliven, eingekochtes Obst und leckere Nachspeisen – mir lief schon beim Anblick das Wasser im Mund zusammen.

Das Schiff hatte gerade erst seine Reise nach Southampton in England begonnen. Obwohl der Januarhimmel grau und stürmisch war und ich den Wind draußen hören konnte, fühlten wir keine Bewegung an Bord. Noch nicht.

Nach dem Mittagessen gingen Mama und Papa zurück zur Kabine und packten ein paar Kleidungsstücke aus. Mama fand Platz für sie im Schrank und in den Schubladen gleich daneben. Immerhin wollte keiner von uns eine Woche lang unsere voll gepackten Koffer durchwühlen. „Mama", flehte ich, „kann ich auf dem Hauptdeck spazierengehen? Ich weiß, wie ich zurück zur Kabine komme."

Mama sah aus, als würde sie Nein sagen, aber Papa versicherte ihr: „Ruthchen kommt zurecht, Hanna. Lass sie gehen."

Mama zog mir meinen warmen braunen Hut und den Mantel an. Als ich mollig genug eingemummelt war, ließ sie mich widerstrebend los. Ich rannte die beiden Treppen hoch und fand mich auf dem Oberdeck wieder. Auf und ab schauend, sah ich zwei Leute, die draußen auf Liegestühlen saßen. Die übrigen Stühle waren zusammengefaltet und lehnten an den Wänden. Als ich mich ihnen näherte, freute ich mich zu sehen, dass es Jugendliche waren. Sie lächelten und riefen mich zu sich.

„Wir sind Eva und Aaron Rosenthal. Wir werden in England zur Schule gehen", erklärte das junge, blauäugige Mädchen, dessen dunkle Locken ein schönes Gesicht einrahmten. Damals wusste ich nicht, dass viele jüdische Familien, die Deutschland nicht verlassen konnten, ihre Kinder ins Ausland schickten, um etwas zu lernen und hoffentlich zu überleben. „Ich bin Ruthchen Stern, und wir fahren nach Chicago in Amerika."

Die beiden lachten laut. „Wir haben uns dieses Buch angesehen, mit dem man amerikanisches Englisch lernen kann, und da stehen viele Städtenamen drin. Es gibt lustige Orte in Amerika. Setz dich, und wir werden dir die erklären, die wir gerade gelernt haben", sagte Aaron. Er sah nicht so zerbrechlich aus wie seine Schwester. Auch er hatte lockiges schwarzes Haar, aber sein großer Kopf saß auf einem strammen Körper. „Unser Favorit ist im Moment der Mississippi. Wir mögen auch Cin-cin-nat-i. Und dann gibt's noch Al-bu-querque."

Ich setze mich und kicherte über die witzigen Worte. „Warum können sie Orte nicht nennen wie die Deutschen – einfache Worte wie Berlin, Hamburg, Frankfurt? Amerikaner müssen komische Leute sein."

„Als ich dich auf uns zukommen sah, dachte ich, du bist eine kleine Japanerin mit deinem kurzen, glatten, dunklen Haar und den Ponyfransen über deiner Stirn."

Sie erzählte mir, dass dieser Haarschnitt im Orient sehr populär sei. Schon damals muss ich mich für andere Kulturen interessiert haben, denn ich dachte, es wäre exotisch, Japanerin zu sein, und nahm mir vor, meinen Eltern zu erzählen, was Eva gesagt hatte, wenn ich in die Kabine 396 zurückkehrte.

Uns wurde schnell kalt. Wir gingen in das Spielzimmer, und die beiden brachten mir ein einfaches Kartenspiel bei. Es ähnelte dem Spiel sehr, das wir „Fisch" nennen. Wir sprachen darüber, dass sie in Frankfurt, einer Großstadt, lebten, und ich in Nieder-Ohmen, einem Dorf, etwa 60 Kilometer davon entfernt. Die Unterschiede unserer Herkunft und unseres Alters schmolzen dahin an diesem Nachmittag, als wir miteinander lachten, spielten und redeten.

Der Wind war stärker geworden. Der Seegang nahm zu, und das Schiff rollte. Als ich die Tür der Kabine öffnete, sah ich meine Mutter auf dem Bett liegen, und ihr Gesicht war blass. Papa erklärte mir: „Deine Mama scheint ein bisschen seekrank zu sein. Sie wird sich vielleicht besser fühlen, wenn sie etwas gegessen hat."

Das trat nicht ein. Mama fühlte sich nicht besser. Sie fühlte sich schlechter und schlechter. Schon bald ging sie nicht einmal mehr nach oben, um zu essen. Papa brachte ihr Bouillon und Zwieback. Manchmal aß sie es, und manchmal nicht. Mir wiederum ging es gut, und ich war glücklich. Der Sturm auf dem Nordatlantik machte mir gar nichts aus. Während der ersten paar Tage aß ich mit Papa an dem Tisch zu Abend, der uns zugewiesen worden war. Der Wind heulte, und eisiger Hagel trommelte aufs Deck und machte Geräusche, wenn er das Bullauge traf. Ich genoss das alles. Die Decks rollten, wenn du auf ihnen gingst. Es war einfach nur eine weitere Abwechslung für eine Fünfjährige. In der Mitte der Woche packte es meinen Vater auch.

Die beiden sorgten sich darum, was mit mir werden sollte. Erich rettete mich. Er erzählte dem Kapitän von meiner misslichen Lage, und schon am gleichen Abend aß ich am Kapitänstisch. Was für einen Spaß das gemacht hat! Die jungen Offiziere und andere Gäste fragten mich aus und hörten sich sogar meine Antworten an. Ich erzählte ihnen von Onkel Meier und Tante Hedwig und meinen beiden Cousinen. Ich erzählte ihnen, wie sehr ich die Kuh Rosi liebte. Ich erzählte ihnen auch, dass die Regierung meine geistig zurückgebliebene Tante in ein Krankenhaus hatte bringen lassen und wie sehr ich hoffte, sie würde dort Freunde finden. Und ich werde euch etwas erzählen, das Mama nie herausgefunden hat. Der Kapitän und seine Freunde ließen mich zwei oder sogar drei Nachspeisen essen, wenn ich sie wollte. Mama hätte mich das NIE tun lassen. Ich war traurig, als Aaron und Eva das Schiff in Southampton verließen. Das Schiff nahm neue Lebensmittel, Blumen und Passagiere auf. Wir lagen lange an der Kaje. Ich hielt Ausschau nach Kindern, mit denen ich spielen könnte, aber es waren keine dabei. Ich sah einen Mann und eine Frau mit einem Baby im Arm. Ich mochte Babys und nahm mir vor, sie später zu suchen.

In Southampton zu sein, war eine willkommene Gnadenfrist für meine seekranke Mutter. Meine Eltern kamen beide am Mittag zum Buffet, und ich lernte, dass wir auf diese Art aßen, wenn das Schiff im Hafen war, weil die Crew dann viele andere Aufgaben hatte. Ich führte Mama und Papa an all die faszinierenden Orte, die ich auf dem Schiff entdeckt hatte.

Aber dann war das Schiff wieder auf seinem Weg, auf einer Route, auf der es noch mehr Winterstürme gab. Erst verbrachte Mama Zeit damit, sich über die Reling zu beugen und sich zu übergeben, dann Papa. Sie taten mir schon irgendwie leid, aber ich hatte so eine gute Zeit beim Essen am Kapitänstisch, und es machte mir so viel Spaß zu gehen, wohin ich wollte, dass ich mir heimlich wünschte, die beiden würden seekrank bleiben. Als die Woche um war, schien ich mehr und mehr Energie zu bekommen. Hocherfreut rannte ich hierhin und sprang dorthin und hüpfte die langen Gänge entlang. Als das

Schiff auf den Wellen rollte, verließen meine Füße den Holzboden des Schiffes, und es fühlte sich an wie fliegen. Steward Erich stellte mich seinen Freunden vor. Wann immer ich auf dem Schiff zu sehen war, sagte ein Steward etwas wie „Ach, hier kommt die kleine Ruth und dreht ihre Runden!" und lächelte mich an.

Wenn ich jetzt darüber nachdenke, wird mir klar, dass ich diese unglaubliche Freiheit von elterlicher Kontrolle genossen habe, zum ersten Mal in meinem Leben.

Am Abend vor unserer Ankunft in New York sagte der Kapitän: „Ich habe etwas, das dich an die Atlantikreise mit uns erinnern soll, wenn du weit entfernt vom Ozean, in Chicago, wohnen wirst." Er reichte mir ein aufziehbares Spielzeug, eine Ente, die etwa 20 Zentimeter groß war, orangefarben und blau gekleidet. Ich war so glücklich, dass mein neuer Freund mir ein Geschenk gemacht hatte. Die Ente wurde eines meiner wertvollsten Besitztümer.

In dieser Nacht wurde die See ruhig, und wir wachten von der großen Aufregung an Bord auf. Man konnte die Schritte der Passagiere in den Gängen hören, als sie zum Oberdeck eilten. Keiner wollte den Anblick der Freiheitsstatue verpassen. Wir drei schlossen uns der nach oben strebenden Menschenmenge an. „Schau! Da drüben ist sie!", rief Papa, als er mich hochhob. Alles, was ich sehen konnte, war ein großes dunkles Objekt in weiter Ferne im Wasser. Während wir Ausschau hielten, verwandelte sich die Statue in die majestätische Figur einer Frau in einem Kleid aus fließendem Stoff, die eine brennende Fackel hielt und uns in den Vereinigten Staaten begrüßte, wie so viele Einwanderer vor uns.

Als wir die Gangway hinuntergingen, dachte ich an den netten Kapitän und die freundlichen Stewards. Ich fühlte mich umsorgt und verwöhnt, gefüttert mit leckerem Essen, und war der festen Überzeugung, dass es viele gute Menschen auf der Welt gibt.

Was für ein wunderbares Abenteuer! Ich war bereit, mein Leben in Amerika zu beginnen.

Die ersten beiden Tage
in Amerika

Albert Stern, Josephs jüngerer Bruder.

Als mein Vater, meine Mutter und ich die „Deutschland"
verließen, das Schiff, das uns nach Amerika gebracht hatte,
nach einer Fahrt über das stürmische Meer im Januar 1939,
drehte ich mich immer wieder um, weil ich den Stewards und
den jungen Offizieren winken und zulächeln wollte, die in

ihren blauen Uniformen oben an Deck standen und sehr elegant wirkten, als sie die Passagiere verabschiedeten. Die Schiffsbesatzung war so nett zu mir gewesen. Ein Teil von mir wollte auf dem Schiff bleiben, auf den Decks herumrennen, Nachtisch in dem schönen Speisesaal essen, und sich fühlen, als sei ich unabhängig, obwohl ich erst fünf Jahre alt war.

Aber nein, wir waren einmal mehr auf festem Boden und wurden zu den Einwanderungsbüros geführt. Meine Mutter hatte alle Papiere fest in der Hand. Die Reihe war an uns. Sie übergab alles an einen großen, dünnen Mann mittleren Alters, der wieder eine andere Uniform trug. Ich fragte mich, ob wohl die meisten Erwachsenen auf der Welt Uniform trugen. Er überprüfte die Informationen sorgfältig und sagte: „So! You are headed for Chicago, eh?" So! Sie wollen nach Chicago, was? Meine Mutter hörte „Chicago" und nickte, obwohl sie keine Ahnung hatte, was er wissen wollte. Nachdem wir bei ihm fertig waren, mussten wir zum Arzt, um sicherzustellen, dass wir keine ernsten Erkrankungen hatten. Hatten wir nicht. Und dann waren wir draußen, wo Tausende von Augen jeden einzelnen von uns zu scannen schienen, auf der Suche nach Verwandten. Ich weiß nicht, wie mein Onkel Albert uns gefunden hat, aber er fand uns.

„Willkommen in Amerika, Joseph, Hannah und Ruthchen!" Jemand sprach uns auf Deutsch an. Wir drehten uns um, und da war er – ein kleiner, runder, beinahe kahlköpfiger Mann in einem gestreiften Anzug. Albert Stern, Papas jüngster Bruder. Er hatte einen Schnurrbart, der aussah wie eine schwarze Linie, die über seine Oberlippe gezogen war.

Onkel Albert war ein Buchhalter, der etwa seit zehn Jahren in New York war und sich dort auskannte. Er winkte schnell eine der vielen wartenden Taxen heran. Papa, Onkel Albert und der Fahrer luden unser Gepäck in den Kofferraum. Es war nicht ganz einfach, die Taschen so zu verstauen, dass alles passte. Das Taxi fuhr belebte Straßen hinunter. Ich beobachtete die zahlreichen Passanten, die herumeilten. Sie trugen dicke Mäntel, Schals und Handschuhe, um sich vor dem kalten Januarwind zu schützen.

Als wir um die Ecke bogen, sagte Onkel Albert: „Hier sind wir in meinem amerikanischen Zuhause. Dieses Gebäude hat 15 Stockwerke, und ich wohne in einem Apartment in der vierten Etage." Der Fahrer hielt die Taxitür auf, und ich stieg aus und schaute nach oben. Das braune Backsteingebäude sah riesengroß aus – so viele Fenster in jedem Stockwerk!

Bestimmt wohnen mehr Leute in diesem Haus als in ganz Nieder-Ohmen, dachte ich. Als wir uns und unsere vier Koffer in den kleinen Fahrstuhl zwängten, sagte Onkel Albert: „Es ist diesmal nicht genug Platz für mich. Ruthchen, du bist der Fahrstuhlführer. Wenn die Tür schließt, drück den Knopf mit der Vier." Das gab mir das Gefühl, wichtig zu sein. Natürlich befolgte ich die Anweisungen genau. Als wir aus dem Fahrstuhl ausstiegen, sahen wir einen langen Gang mit nummerierten Türen auf jeder Seite. Die Wände waren in sattem Gold gestrichen, und der Teppich, der ein Blumenmuster in Schattierungen von Braun, Grün und Gold hatte, war abgenutzt. Es gab keine Fenster, und alles wirkte eher dunkel und bedrückend.

Onkel Albert war ein Junggeselle, und sein Apartment war gerade einmal groß genug für einen – ganz bestimmt nicht auch noch für drei Besucher. Zum Glück würden wir nur zwei Tage dort verbringen.

Die nächsten Tage verschwimmen in der Erinnerung. Ich kann nicht sagen, ob ich überhaupt irgendetwas von New York City gesehen habe. Ich erinnere mich an eine Reihe von Besuchern, andere Einwanderer, die meine Eltern kannten. Am besten ist mir Sigmund Stern im Gedächtnis geblieben, der Ober in einem schicken Restaurant war. Er kam uns besuchen auf dem Heimweg von der Arbeit, und er trug einen eleganten Smoking. „Donnerwetter!", dachte ich. „Das ist die beste Uniform, die ich bis jetzt gesehen habe." Sigmund war ein kontaktfreudiger Mann, der mit zwei Brüdern meiner Mutter befreundet gewesen war. Er war voller Geschichten über ihre Abenteuer als Jugendliche. Ich hörte davon, dass sie den Heuwagen meines Großvaters genommen, ihn mit ihren Freunden, Essen und Bier beladen und ein Fest auf einer abseits gelegenen Wiese gefeiert hatten. Er sprach über die Mädchen, die er und mein Onkel Leo gemocht hatten. Natürlich bestand er darauf, dass sein Schatz das schönste Mädchen der Stadt war. Ich war angetan von ihm und erwärmt von dem Gelächter, in das meine Eltern verfielen, als sie ihm zuhörten. Ein bisschen was von der Anstrengung verschwand von ihren Gesichtern, und sie wechselten während seines Besuchs sichtbar ihre Haltung von steif zu entspannt.

Das Beste an den ganzen Besuchern war, dass viele von ihnen Schokolade für mich dabei hatten. Ich liebte damals Schokolade und liebe sie noch heute. Zwar schlief ich an beiden Abenden mit Bauchschmerzen ein, aber es war ein glückliches Bauchweh.

Ein Ausflug
in New York City

Papa saß auf Onkel Alberts braunem Velours-Sofa und las eine deutsche Zeitung. In seinem Herzen und seinem Kopf war er immer noch in Nieder-Ohmen, und zwanghaft verschlang er alles, das ihm sagen konnte, was in Europa geschah. Warum? Warum, fragte er sich, sind die Deutschen Hitler so blind gefolgt? Erinnern sie sich nicht an all die Juden, die tapfer im Ersten Weltkrieg für Deutschland gekämpft hatten? Mein Bruder, Meier, und ich haben in diesem Krieg gekämpft. Wir waren gute Bürger, dachte er. Wir haben unseren Nachbarn geholfen. Wir haben Steuern gezahlt. Warum verfolgt man uns? Ich verstehe das nicht.

Während Papa tief in Gedanken war, sprach Mama, die praktisch Veranlagte in unserer Familie, mit Onkel Albert. „Wir brauchen etwas zu essen, das wir auf die Busfahrt nach Chicago mitnehmen können", sagte sie ängstlich.

„Das ist leicht. Es gibt einen Gemischtwarenladen an der Ecke. Ich werde dich hinbringen. Wollt ihr mitkommen, Joseph und Ruthchen?"

„Nein, ich will Zeitung lesen", antwortete mein Papa abwesend. Ich stellte mir vor, dass er die sanften Hügel bei unserem Haus in Hessen sah und sich daran erinnerte, wie wir spazieren gegangen waren, als das Gras frisch gemäht war, und dass er den wundervollen Duft von frisch gewendetem Heu roch.

„Ich will mit", rief ich. In einem kleinen Apartment zu sitzen und Erwachsenen dabei zuzuhören, wie sie sich unterhielten, war langweilig, und ich war bereit, überallhin zu gehen. Natürlich wusste ich, es war kalt und stürmisch, aber das war mir egal. Ich wollte nur draußen sein und herumrennen.

„Diesen Gemischtwarenladen gibt es hier seit vielen, vielen Jahren", erklärte Onkel Albert, als wir das Schild „Goldstein's Grocery" sahen, das er für uns übersetzte. Er hielt die Tür weit für uns auf, und wir betraten ein schlauchförmiges Geschäft mit niedriger Decke. Auf einer Seite war ein abgeschrägter Tresen mit Spiegeln dahinter. Sorgsam aufgestapelt waren leuchtend rote Äpfel, grüne Äpfel, rotgrüne Äpfel, Blumenkohlköpfe, Weißkohl und Rotkohl, Bündel orangefarbener Karotten mit grünen Büscheln, große, bräunliche Kartoffeln und kleine runde rosafarbene Kartoffeln, gelbe und dunkelviolette Zwiebeln und weiße Knoblauchknollen. Über dem Tresen waren Regalbretter mit vielen, vielen unterschiedlichen Waren. Die meisten hatte ich noch nie zuvor gesehen. Isst jemand wirklich so viele Sachen aus Schachteln, fragte ich mich. In Deutschland kamen die meisten unserer Nahrungsmittel aus dem Garten, und ich ging mit Vater im Sommer Gemüse fürs Abendessen holen. Im Winter aßen wir Obst und Gemüse, das Mama eingekocht hatte. Die Gläser standen sorgfältig aufgereiht auf einem Tisch in unserem Keller, und ich konnte sehen, was drin war – Tomaten, Erbsen, Bohnen.

Dann bemerkte ich auf der anderen Seite des Geschäftes Regale mit Dosen, auf denen Bilder von Erbsen, Bohnen und gelben Kernen klebten, von denen ich später lernte, dass man sie Mais nannte. Unter den Regalen standen große Holzfässer voller Dillgurken, grüner Tomaten und anderer, unbekannter Delikatessen. Der Laden war erfüllt von dem Geruch von geräuchertem Fisch, Knoblauch und kräftigen Gewürzen.

Mama, konzentriert wie üblich, murmelte vor sich hin: „Lasst uns sehen, wir werden etwas zu essen brauchen, das nicht verdirbt. Immerhin werden wir einen Tag und eine Nacht im Bus unterwegs sein. Ich werde Käse, Obst, Wurst und geräucherten Fisch kaufen."

„Was ist mit Eiern", schlug Onkel Albert vor. „Wir werden sie hart kochen."

„Gute Idee", stimmte Mama zu.

„Oh, bitte, kannst du ein paar Gurken kaufen", bettelte ich, weil der Geruch der Gurken so verführerisch war. Mama machte leckere Gewürzgurken, und ich wollte die hier kosten, um zu sehen, ob sie genauso gut waren.

Onkel Albert griff ein. „Natürlich können wir das. Du kannst jetzt eine essen, und der Rest fährt mit euch nach Chicago. Sie werden nicht verderben."

„Oh, ja!", rief ich, als Onkel Albert losging, um einen Verkäufer zu finden. Der kleine, dunkle, junge Mann trug eine ver-schmutzte weiße Schürze, die ihn von der Brust bis zu den Knien bedeckte. Er hatte ein großes Stück braunes Papier in seiner linken Hand. Mit seiner Rechten nahm er die Zange, die mit einem Draht an der Seite des dicken hölzernen Gurken-fasses befestigt war, und fischte sechs saftige Gurken heraus. Lächelnd gab er mir eine, dann wickelte er die anderen ein und gab sie Mama. Ich senkte meine Zähne in die knackige grüne Gurke und fühlte, wie der Saft mein Kinn hinunter lief. Ach, du meine Güte! Das ist die beste Gurke, die ich jemals gegessen habe. Was sollte ich tun? Es Mama sagen – oder nicht?

Bevor ich mich entschließen konnte, sagte Mama: „Diese amerikanische Gurke muss etwas Besonderes sein, wenn ich dich so sehe." Sie kicherte. „Vielleicht werde ich lernen müssen, amerikanische Gurken zu machen."

Wir gingen zum Delikatessen-Tresen und sahen Würste in vielen verschiedenen Größen, Salami, Scheiben von Corned Beef und Pastrami, Leber und Heringsstücke.

Auch der Mann am Tresen trug eine bekleckerte weiße Schürze. Er war sehr viel älter, vielleicht Herr Goldstein höchstpersönlich. „Guten Morgen. Was kann ich für Sie tun?", fragte er herzlich. Seine Stimme hatte einen starken jiddischen Akzent.

„Meine Schwägerin und meine Nichte kaufen Proviant ein, für die Busfahrt nach Chicago morgen", erklärte Albert. „Und sie essen koscher."

„Keine Sorge! Ich werde die Fleisch- und die Milchprodukte getrennt einpacken. Alle unsere Waren entsprechen den Standards. Viele gläubige Juden kaufen hier ein."

Mir fiel eine weitere Theke auf, auf der viele verschiedene Arten von Käse lagen. Die Farben reichten von Dunkelorange bis zu einem weichen Weiß. Einige von ihnen hatten kleine Löcher, und ein großer Laib war voller großer Löcher. Es gab Becher mit saurer Sahne, Hüttenkäse, Hering in saurer Sahne und Salate, die wir in Deutschland nicht aßen.

Der Händler griff unter die Theke und holte zwei große braune Papiertüten hervor. In die erste packte er die Salami, Corned Beef und eingelegte Zunge, die er auf einer großen Schneidemaschine hinter der Theke schnitt. Ich war fasziniert, als sich die dünnen Scheiben auf einem gewachsten Papier stapelten, das er auf das Brett des Schneidegeräts gelegt hatte. Die Scheiben waren so dünn und gleichmäßig. Ich hatte noch nie zuvor eine Schneidemaschine gesehen.

Dann ging er zur Milchtheke und nahm vorsichtig die Käse, auf die meine Mutter zeigte, und schnitt sie mit einer anderen Schneidemaschine. Der Käse wurde in eine separate Tüte gepackt.

Onkel Albert und ich suchten ein paar Äpfel aus. Ich mochte die rotgrünen, die ich bei ihm zu Hause probiert hatte. Er erklärte mir, dass das „Mackintosh Äpfel" waren. Ihr Inneres war weiß und sehr saftig.

Bepackt mit unseren Einkäufen, gingen wir zurück zum Apartmenthaus. Mama und Onkel Albert trugen die Tüten, und ich hüpfte gutgelaunt voraus. Ich hatte ein breites Lächeln im Gesicht, und eine schokoladenfarbene Frau, die einen schicken Kinderwagen schob, lächelte zurück. Vielleicht würde in diesem Land doch noch alles gut werden.

Die Busfahrt
nach Chicago

Gott sei Dank bezahlte Onkel Albert das Taxi von seinem Apartment zum Greyhound Busbahnhof. Wir hätten es uns sicherlich niemals leisten können, weil wir nur 75 Reichsmark hatten aus Deutschland mitnehmen dürfen. Das war sogar 1939 nicht viel Geld.

Was für ein kalter, stürmischer Tag war das! Der Himmel war von einem leblosen Grau, und ein starker Wind blies mir meinen rosafarbenen, gestrickten Schal ins Gesicht, als wir aus dem Taxi ausstiegen und den Busbahnhof betraten. Ununterbrochen strömten Männer, Frauen und Kinder in das Gebäude. Sie waren dick eingepackt gegen das Januarwetter. Als ich mir die Gesichter der Erwachsenen anschaute, sah ich Unsicherheit und Anspannung. Wir Kinder blickten uns um, erstaunt über all den Trubel.

Der Busbahnhof war voller Menschen, die sich in vielen unterschiedlichen Sprachen unterhielten. Meine Eltern erkannten Deutsch, Tschechisch und Polnisch. Einige Sprachen konnten sie nicht identifizieren. Viele von den anderen waren Immigranten wie wir, die zu Orten unterwegs waren, an denen ihre Angehörigen lebten, die für sie gebürgt hatten. Damals mussten die Verwandten von Einwanderern eine Garantie unterschreiben, dass die Neuankömmlinge den Steuerzahlern der Vereinigten Staaten nicht zur Last fallen würden. Falls wir Hilfe bräuchten, würden unsere Verwandten uns unterstützen müssen. Die künftigen Fahrgäste zeigten den Agenten Zettel, auf die ihre Zielorte gekritzelt waren. Als wir in der Schlange warteten, hörten wir die Namen von Orten:

„Omaha, Nebraska, Cleveland, Ohio, Savannah, Georgia." Wir hatten keine Ahnung, wo diese Städte waren, und sie auch nicht, aber da waren unsere Familien, und da fuhren wir hin. Unsere Familie lebte in Chicago, und dahin fuhren wir.

Meine Mutter kaufte die Fahrkarten. Sie hatte geübt, „Chicago" langsam und deutlich zu sagen. Was für ein komisches Wort, dachte sie. Mit den Karten, die sie fest in ihren Händen hielt, führte sie uns zu einer großen Öffnung, durch die ich den farblosen, grauen Himmel sehen konnte. Meine Güte! So viele glänzende, silberfarbene Busse! Jeder wartete an einer nummerierten Plattform auf seine Fahrgäste. Der Bus nach Chicago ging vom Bussteig Nummer 9. Ich fand das gut, weil die Neun meine Glückszahl war. Ich starrte das riesige Silberbiest mit den Scheinwerfern an, die wie Augen aussahen, und einer Stoßstange, die aussah wie ein Mund. Dieser Bus hat eine Persönlichkeit, dachte ich. Er ist würdevoll und verlässlich. Die Seite des Busses öffnete sich, und die Passagiere packten ihre Koffer in sein Inneres. Ein grau uniformierter Mann mit dichtem braunen Haar und braunen Augen stand an der Bustür, nahm unsere Fahrkarten und sagte: „Welcome to the Greyhound bus bound for Chicago. I am Mac, your driver." Willkommen im Greyhound Bus nach Chicago. Ich bin Mac, Ihr Fahrer.

Als wir Chicago hörten, entspannten sich meine Eltern. Wenigstens waren wir am richtigen Bus angekommen. Jetzt ging es darum, Plätze zu finden und die Taschen mit dem Essen bei unseren Füßen zu verstauen, damit sie auf der Fahrt leicht zu erreichen waren. Mama überließ mir den Platz am Fenster. Ich war froh darüber. Ich wollte sehen, wie dieses riesige Land aussah. Ich wusste, dass wir in den „Midwest", den Mittleren Westen, fuhren, wo immer das war, und dass wir jetzt an der „Eastcoast", der Ostküste, waren. Ich stellte mir vor, dass mir alles klar werden würde, wenn ich aus dem Fenster sah.

Andere Passagiere stiegen ein. Die meisten waren gegen die Januarkälte in dunkle, warme Mäntel gekleidet, die Männer trugen Filzhüte, einige Einwanderinnen wollene Schals, die Erwachsenen Lederhandschuhe, die Kinder gestrickte Fäustlinge, einige aus leuchtend bunter Wolle, Farbtupfen im Einheitsgrau. Das gefiel mir. Die Leute warteten in einer Schlange, um voranzukommen: Familien mit kleinen Kindern, besorgt blickende, grauhaarige ältere Leute, Männer in blauen Jeans-Arbeitskleidern und einige wenige Paare, die mir gut angezogen erschienen. Diese Frauen trugen Mäntel aus weicher, heller Wolle mit Pelzkragen, und die Mäntel der Männer passten wie maßgeschneidert. Ihre Hüte hatten die gleiche Farbe wie ihre Mäntel. Sie sahen aus, als hätten sie sich über ihr Aussehen Gedanken gemacht. Ich wusste, das mussten Amerikaner sein. Flüchtlinge wie wir hatten Provianttaschen für die lange Fahrt dabei. Keiner der Amerikaner hatte was zu essen dabei, soweit ich das sah.

Der Bus füllte sich schnell. Es gab keinen einzigen leeren Platz. Der Geräuschpegel war hoch, die Stimmen aufgeregt. Alle sprachen durcheinander. Wer konnte uns das verübeln? Wir waren „Fremde in einem fremden Land", und wir wussten nicht, was uns erwartete. Das Geschnatter war eine Möglichkeit, die Nervosität zu mildern.

Der Bus fuhr mit einem mächtigen Grollen ab, als Mac den Motor an diesem kalten Wintermorgen warmlaufen ließ. Nach ein paar Augenblicken fuhr der Bus langsam aus dem Busbahnhof in die überfüllten Straßen von New York. Überall waren Leute. Ich beobachtete gerne Menschen, also war ich froh, am Fenster zu sitzen, meine Handflächen klebten an der Scheibe, und mein Kopf zwischen ihnen. Nach einer Weile dünnte sich die Menge aus, und wir fuhren durch ein Viertel mit Apartmenthäusern und kleinen Läden – Metzgereien, Gemischtwarenläden und Wäschereien. Ich konnte in die

Geschäfte hineinsehen. Ein paar waren voller Kunden, in anderen nur zwei Leute. Hausfrauen, die prall gefüllte Einkaufstaschen trugen, gingen von Geschäft zu Geschäft. Schmutziger Schnee war an den Bordsteinen aufgehäuft. Als Nächstes sah ich einzeln stehende Häuser, durch verschneite Höfe voneinander getrennt, und kahle, hohe Bäume, deren dunkle Stämme abstachen von dem Weiß um sie herum.

„Oh, guck mal", rief ich Mama zu, „da ist eine Oma mit einem süßen Hund mit langen Schlappohren!"

An einigen der Büsche in der Nähe der Häuser hingen ein paar wenige braune Blätter.

Dann waren wir in offenem Gelände, das von einem Tuch aus frischem weißen Schnee bedeckt war. Ein paar Sonnenstrahlen, die ihren Weg durch die grauen Wolken fanden, ließen den Schnee glitzern. Ab und zu sah ich ein weißes Haus neben einer großen roten Scheune stehen, umgeben von Feldern. Das überraschte mich. In Deutschland kannte ich nur Bauernhöfe in Dörfern, und das Ackerland war außerhalb des Dorfes. Hier lagen die Höfe mitten im Land. Fühlten sich diese Leute nicht einsam, da sie keine Nachbarn zum Reden hatten?

Meine Güte, war die Landschaft schön! Makellos weiß, über und über mit sanften Hügeln. Ich war so damit beschäftigt, mir alles zu betrachten, dass ich ganz vergaß, mit meiner Puppe Heidi zu spielen, die auf meinem Schoß saß. Ich glaube, sie hat auch nach draußen gesehen.

Bald kamen wir immer wieder an Wäldern vorbei. Als die Hügel höher wurden, sah ich Weihnachtsbäume wie in Deutschland. Wir nannten sie Tannenbäume. Obwohl ich jüdisch war, liebte ich sie, weil sie festlich und schön waren, wenn sie mit Kerzen, bunt leuchtenden Kugeln und kleinen geschnitzten und bemalten Figuren geschmückt waren. Diese Bäume wuchsen und waren nicht geschmückt, aber sie waren grün und stachen von dem grauen Holz ab. Sie sahen so hübsch aus in der verschneiten Landschaft. Heimlich wünschte ich mir, dass wir einen in unserem Haus haben könnten. Mama wäre wütend, wenn sie es wüsste. Immer wenn Papa das Lied „O Tannenbaum" sang, sagte sie streng, er solle aufhören, Weihnachtslieder zu singen. *Er mochte auch „Stille Nacht" sehr gerne.*

Ich weiß nicht, wie lange wir mit dem Bus unterwegs waren, als Mac einen Parkplatz an der Seite der Straße ansteuerte. Auf dem Schild stand „Bill's Diner. Bathroom and food stop". Bills Raststätte mit Toilette und Speiselokal. Mac rief uns, öffnete die Bustür und blieb daneben stehen, um Fahrgästen beim Aussteigen zu helfen. Einige zogen sofort ihre Mäntel an, setzten ihre Hüte auf und trotten den Busflur hinunter. Mama, Papa und ich sahen aus dem Fenster auf das einstöckige Gebäude, das wie ein silberner Eisenbahnwaggon aussah.

Wir zogen uns langsam Schicht um Schicht an, und dann stiegen auch wir aus dem Bus aus. Sobald die kalte Luft meinen Körper traf, wollte ich zum Klo, und wir gingen hinein. Oh, oh! Die Schlange vor der Frauentoilette war lang. Ich hüpfte von einem Fuß auf den anderen. Eine junge Frau, die in der Schlange vor mir stand, lachte und bedeutete meiner Mutter, mit mir vorzugehen. Die runde Frau mittleren Alters mit dem grauen Schal vor ihr tat das Gleiche. In wenigen Minuten war ich in der Toilette, und meine Mutter legte Toilettenpapier auf den Sitz, um mich vor Bakterien zu schützen.

Als wir in das Restaurant zurückkamen, saß Papa auf einem Stuhl, vor ihm eine Tasse Kaffee, der mit sehr viel Milch aufgehellt war. Er hatte seinen braunen Schal, den Mama gestrickt hatte, auf den Stuhl zu seiner Rechten gelegt, und seinen braunen Fedora auf den Stuhl zu seiner Linken. Die rundliche, lächelnde Kellnerin in einer gestärkten rosafarbenen Uniform bediente noch andere Fahrgäste. Nach ein paar Augenblicken stand sie vor uns. „What'll you have?" Was möchten Sie, fragte sie. Mama deutete schüchtern auf Papas Kaffee. Die Kellnerin nickte und sagte: „Okay, and I'll bring some cocoa for the little girl." In Ordnung, und ich bringe ein bisschen Kakao für das kleine Mädchen. Als ich „cocoa" hörte, klatschte ich in die Hände. Das Wort klingt so ähnlich wie im Deutschen. In Deutschland hatte ich den ganzen Winter über Kakao getrunken. Er war besonders lecker mit Rosis fetter, kremiger Milch. Wie ich es vermisste, sie jeden Abend zu sehen und ihr Gesicht zu streicheln, während ich ihr erzählte, welche Spiele ich mir ausgedacht, was ich zum Mittagessen gehabt hatte und alles andere, das passiert war, während sie auf der Weide gewesen war.

Der rote Stuhl drehte sich, und ich drehte mich immerzu im Kreis, während ich den Kakao trank. Um ehrlich zu sein, schmeckte er wässrig, aber er war so warm und süß, dass er leicht hinunterging. Bald fiel mir auf, dass die Fahrgäste begannen, zum Bus zurückzugehen. Wir tranken aus und folgten ihnen.

Ich ließ mich in meinen Sitz am Fenster fallen, nahm Heidi auf den Schoß, zog meinen Mantel aus und wartete darauf, dass Mac den Motor anwarf. Das Licht wurde weicher. Vielleicht lag etwas Nebel in der Luft. Ich bemerkte, dass die Welt da draußen einen schimmernden rosa Glanz annahm, wenn vereinzelt Sonnenlicht von den Fenstern der Häuser in den kleinen Städten reflektiert wurde und die stattlichen Bäume, die kahlen Büsche und die schneebedeckten Felder streichelte. Wie friedlich das aussieht, dachte ich. Wollen deshalb all die Einwanderer nach Amerika?

Die Abenddämmerung kommt im Januar früh, und so konnte ich nur die Umrisse der Häuser und Scheunen und gelegentlich die eines Autos auf der Straße wahrnehmen. Mama hatte ein bisschen weißes Papier und einen gelben Buntstift mitgenommen. Ich entschied mich, Heidi das ABC beizubringen. Ich schrieb die Buchstaben und nannte Heidi dann ein Beispiel für ein Wort für jeden Buchstaben. „A steht für Apfel. B steht für Ball."

Mama wühlte in der Provianttasche unter ihrem Sitz und holte Scheiben von koscherer Salami, Roggenbrot und eine knackige Gurke für mich heraus. Mein Abendessen. Ich griff mir die Gurke und aß sie zuerst. Oh! Schmeckte die gut! Es dauerte länger, das belegte Brot zu essen. Nach einer Weile schnitt Mama einen Apfel auf und reichte mir saftige Schnitze, auf denen ich herumkaute, während weitere Städte, Felder und Wälder leise vorbeizogen, jetzt von einem Tuch aus Dunkelheit bedeckt.

Onkel Albert hatte uns drei Ausgaben des „Life"-Magazins mitgegeben, die wir auf der Reise durchblättern konnten. Auf allen Seiten waren Fotos – viele von ernsten Männern, die mit anderen ernsten Männern sprachen. Ich mochte die Bilder von attraktiven jungen Leuten in den Anzeigen für Produkte. Sie waren so lebhaft und sahen aus, als hätten sie Spaß. Nach einer Weile schienen die Leute aus der Werbung sich auf der Seite zu bewegen. Die jungen Leute winkten und sprachen mich auf Deutsch an. „Wie geht's, Ruthchen?" Schon bald wurde ich müde und schlief auf meinem Sitz, den Kopf an die Schulter meiner Mutter gelehnt.

Der Himmel war mittelblau, aber die Sonne war nirgends zu sehen, als ich am nächsten Morgen aufwachte. Mama und Papa schliefen beide noch, zusammengesackt in ihren Sitzen. Mamas Mund stand offen, und sie sah lustig aus. Ich zog am Ärmel ihres Kleides, und sie wachte auf. „Guten Morgen, Mama. Sind wir bald in Chicago?"

„Nicht vor heute Nachmittag", antwortete sie. „Amerika ist ein großes Land. Falls wir in Deutschland wären, wären wir jetzt in Polen oder Frankreich oder Holland, aber hier sind wir immer noch in Amerika. Dieses Land reicht vom Atlantik bis zum Pazifischen Ozean. Stell dir das nur mal vor!"

Ich blickte aus dem Fenster und sah flaches Land mit Häusern, die näher beieinander standen als gestern. Da waren große Gebäude mit hohen Schornsteinen, die dunklen Rauch in den Himmel steigen ließen. Auf dem Land in der Nähe der großen Gebäude standen Lastwagen. Viele der großen Gebäude standen in der Nähe von Bahngleisen, und Waggons warteten darauf, mit den Waren beladen zu werden, die in den Gebäuden hergestellt wurden. Papa sagte, die Gebäude seien Fabriken, vielleicht Stahlwerke. Ich wusste nicht, was Stahlwerke waren, also erzählte er mir, dass man Stahl braucht, um Busse, Schiffe und Öfen zu bauen. Nun, da ich wusste, wie nützlich Stahl-werke waren, betrachtete ich sie mit größerem Interesse. Manchmal dachte ich, ich sähe Flammen aus dem Inneren des Gebäudes kommen. Papa sagte, man braucht Feuer, um Stahl zu machen. Ich beschloss, ganz bestimmt kein Arbeiter zu werden, der die heißen Flammen hüten musste. Amerika ist ein trubeliges Land, schien es uns. So viele Fabriken! So viele Lastwagen! So viele Arbeiter gingen an die Arbeit, jeder mit einer schwarzen Blechdose. Mama sagte, dass das Frühstück darin sei.

Die Fahrgäste wachten auf, und in die morgendliche Stille mischte sich Gemurmel. „Breakfast stop coming right up, folks", kündigte eine unbekannte Stimme mit einem leichten Akzent an. Der Frühstückshalt kommt gleich, Leute!

„Das hört sich nicht wie Mac an! Wo ist Mac", fragte ich nervös. Ich mochte Mac und fühlte mich sicher, wenn er den großen Bus fuhr.

„Mac hat den Bus gefahren bis zum letzten Halt gestern Abend", erklärte mir meine Mutter. „Dann ist er ausgestiegen und zu seiner Familie gefahren. Jetzt hat er ausgeschlafen und spielt wahrscheinlich mit seinen Kindern. Du würdest nicht wollen, dass er die ganze Nacht über fährt. Er wäre so müde geworden, dass er einen Unfall gebaut hätte."

Ich legte mein Kinn auf den Fensterrahmen und lugte aus dem Fenster. Ja, da war ein weiteres silberfarbenes Restaurant am Straßenrand. Auf dem Schild stand „Jimmy and Betty's Diner". Alle Passagiere kannten den Ablauf inzwischen – zieht eure Mäntel an, setzt eure Hüte auf, steigt aus dem Bus und geht zuerst auf die Toilette. Dann esst und trinkt etwas.

Die Fahrgäste bestellten Rühreier. Mama und Papa beschlossen, Geld zu verprassen und auch welche zu essen. Sie zeigten auf die Eier, als die Kellnerin kam, um ihre Bestellung aufzunehmen. Ich half Mama dabei, ihre Portion zu essen. Wir alle hatten einen gesunden Appetit und aßen noch den letzten Krümel von unseren Tellern.

„Chicago bus leaving!", rief der neue Fahrer ernst und würdevoll. Der Bus nach Chicago fährt ab! Alle kehrten zum Bus zurück. Einige der älteren Leute schlenderten langsam zum Bus. Die jüngeren gingen zügig. Wir Kinder hüpften und rannten um die Wette, um zu sehen, wer als Erster dort wäre. Wie Mac stand auch dieser Fahrer neben dem Bus, als wir lachend angelaufen kamen, die Gesichter rot von der kalten Luft.

Sein Lächeln war unverbindlich, so, als ob er wusste, dass man von ihm ein Lächeln erwartete, aber tief in seinem Inneren war ihm nicht danach. „I am Yanek", erzählte er uns. Ich bin Janek. Und er tippte mit dem Finger an seinen Hut, um uns und meine Eltern zu grüßen, die unserer kleinen Gruppe von Kindern folgten. Ich schaute ihn mir an. Er war klein für einen Mann und rund. Sein Kopf war rund. Seine Brille war rund. Sein Bauch war rund und ragte über seinen Gürtel, nicht viel, nur ein bisschen. Er trug die gleiche graue Uniform, wie Mac sie getragen hatte, aber er sah anders darin aus. Janek war nicht so gut aussehend wie Mac, aber er hatte weiche, traurige braune Augen und sah aus wie ein netter, freundlicher Mann. Er sprach ein bisschen Jiddisch und etwas Polnisch. Das Jiddisch war dem Deutschen ähnlich genug für mich, um etwas von dem zu verstehen, was er uns erzählte.

„Heute Nachmittag werdet ihr euer neues Leben in Chicago beginnen", sagte er auf Jiddisch zu meinen Eltern.

Mein Vater lächelte Janek zustimmend an. „Ja, ein neues Leben. Wie wird es sein? Wie kann ich als Viehhändler aus einem kleinen Dorf eine Arbeit in einer großen Industriestadt finden", antwortete er zögernd auf Deutsch.

„Keine Sorge. Du wirst etwas finden, das du tun kannst. Sieh mich an. In Polen war ich ein Violinist in einem Orchester. Hier fahre ich einen Bus. Aber ich mache immer noch Musik mit meinen Freunden aus der alten Heimat und finde Wege, um zufrieden zu sein. Du auch, das garantiere ich dir!" Er schenkte meinem Vater ein freundliches Lächeln und klopfte ihm auf die Schulter.

Jetzt mochte ich Janek. Jeder, der dafür sorgte, dass es Papa besser ging, war mein Freund. Ich nahm seine Hand, als er mir in den Bus half, und lächelte ihn an. Er lächelte zurück und sagte zu mir: „Du wirst in Chicago in die Schule gehen, und bald wirst du Englisch sprechen wie die Einheimischen."

Ich erinnerte mich daran, dass Papa mir gesagt hatte, die Einheimischen seien Indianer gewesen. „Haben die Indianer Englisch gesprochen?", fragte ich. Janeks Augen leuchteten, als er antwortete: „Nein. Die Einwanderer aus England, Einwanderer genau wie du, haben Englisch mitgebracht. Amerika ist ein Land, in dem Einwanderer seit dem 17. Jahrhundert gelandet sind und ein neues Leben begonnen haben. Deine Mama und dein Papa and du werden das auch."

Ich nickte, als ich den Gang des Busses hinunterging und meinen Platz am Fenster wiederfand. Das war leicht. Ich hielt einfach nach der braunen Papiertüte Ausschau, die unter dem Sitz herausschaute. Aus Neugier öffnete ich die beiden Tüten. Der Proviant hatte abgenommen, aber es gab noch hart gekochte Eier, Äpfel, Käse, dunkles Brot in einer Tasche, die jetzt zerknüllt war, und zwei Gurken, Salami und Brötchen in der anderen. Zu wissen, dass da noch etwas zu essen war, das man knabbern konnte, gab mir ein sicheres Gefühl, obwohl ich nicht das kleinste bisschen hungrig war.

Ich setzte mich auf meinen Platz und holte Heidi aus der Kleidertasche, die Mama für sie genäht hatte. Sie und ich machten es uns bequem. Manchmal hielt der Bus, Fahrgäste stiegen aus, und wir wünschten ihnen alles Gute. Die englischen Worte, die die Leute benutzten, klangen wie „Bai! Guud Lack!" Wir sagten: „Auf Wiedersehen!"

Wir waren in Ohio. Ich dachte, das reimt sich auf Chicago. Muss ein weiteres indianisches Wort sein. Ich machte mir einen Spaß daraus „Ohio, Chicago" zu sagen. Als wir in Toledo ankamen, stiegen fünf Fahrgäste aus, auch das kleine Mädchen namens Katja, das drei Jahre alt war. Wir waren gemeinsam herumgelaufen, wenn der Bus anhielt. Es tat mir leid, sie gehen zu sehen, aber jetzt hatte ich ein anderes Wort für meinen Reim: „Ohio, Toledo, Chicago". Ich sagte es immer und immer wieder zu mir selbst. Damit vertrieb ich mir die Zeit, als ich aus dem Fenster blickte und grauen Schnee an den Kreuzungen liegen sah, große Gebäude mit Zäunen drum herum und große Lastwagen und Güterbahnhöfe mit vielen Gleisen, auf denen Güterzüge standen – leer oder beladen mit schwarzen Steinen oder Sand. Manchmal fuhren wir an Seen, Flüssen und Teichen vorüber. Das machte Spaß, denn ich hielt nach Enten, Gänsen und Booten Ausschau. Ich war bereit für Chicago. Unsere Umgebung wurde gleichförmiger. Fabriken mit Schornsteinen, aus denen Rauchfahnen stiegen, große Gebäude, zwei oder drei Stockwerke hoch, Stapel von kaputten Autos, von Schnee bedeckt. Sie taten mir leid. Die Autos sahen aus, als ob sie von ihren Familien, die sie einmal geliebt hatten, verlassen worden waren.

Ich fragte Papa nach den traurigen Autos. „Ruthchen, die Autos werden eingeschmolzen, und der Stahl wird für neue Autos verwendet", erklärte er mir. Irgendwie fühlte ich mich danach besser.

„Indiana!" Janek rief, dass der Bus in Indiana war. Die Bauernhöfe, an denen wir vorbeikamen, gefielen mir. Manchmal entdeckte Mama oder Papa eine schwarzweiße Kuh, ein paar Schafe in ihren eigenen wollenen Wintermänteln oder ein Pferd. Wer immer Tiere sah, erzählte es den anderen. Als wir Chicago näher und näher kamen, gab es weniger Farmen und mehr Fabriken. Gary, Indiana, war voller großer Fabriken. Bald würden wir in Chicago sein. Die Aufregung unter uns allen breitete sich im Bus aus wie der Duft eines starken Parfums. Wird Cousin Irving wirklich da sein, um uns abzuholen? Was, wenn nicht? Mama hatte die Adressen von Cousine Goldie, Cousine Lily und Tante Dina. Also wusste sie, wir würden es zu einem dieser Häuser schaffen, falls sich niemand am Busbahnhof blicken ließ. Aber wir hatten wenig Geld. Das würde ein großes Problem werden.

Es war viel Verkehr auf dem Highway, und der kurze Januartag hatte sich in Zwielicht verwandelt, als Janek ankündigte: „Wir haben die Stadtgrenze von Chicago, Illinois, erreicht." Durch die Straße zu dem Busbahnhof im Zentrum zu kommen, dauerte ewig. Ich sah mir die Häuser an, die nah beieinander standen. Einige von ihnen waren aus Backsteinen und manche aus Holz gebaut. Viele hatten Veranden, und ich konnte Licht im Innern sehen. Gestalten bewegten sich hinter den durchsichtigen Vorhängen. Bald sah ich Apartmenthäuser wie das von Onkel Albert. Und viele hell erleuchtete Geschäfte – jeder Sorte – Gemischtwarenläden, Metzgereien, ein Geschäft mit dem Wort „Sears" an der Fassade, Kleidergeschäfte mit Schaufensterpuppen. Mama hatte mir erklärt, dass Frauen in Deutschland sich die Kleider der Schaufensterpuppen ansahen, und wenn ihnen eins gefiel, gingen sie in den Laden und kauften das Kleid. Ich war glücklich, die Puppen zu sehen, weil ich wusste, wozu sie gut waren.

Janek rief: „Das ist der Loop, das Zentrum von Chicago." Das Gemurmel im Bus nahm zu. Den Einwanderern wurde klar, dass sie bald aussteigen würden. Es gab kein Zurück. Mama sah sich bei unseren Sitzen um, um sicherzugehen, dass wir nichts vergaßen. Die Proviantttaschen waren leer. Höchste Zeit, nach Chicago zu kommen.

Brrrrr! Es schien kälter zu sein als in New York. Der Wind trieb uns Tränen in die Augen, als wir unsere vier Taschen aus dem Kofferraum des Busses holten, nachdem Janek die Tür geöffnet hatte. Was für ein Kontrast zwischen dem dunklen Bahnsteig und der hellen Halle, in die wir gingen, voller Menschen, die auf ihre europäischen Familienangehörigen warteten. Wir Einwanderer waren gespannt und hielten Ausschau. Die Familien, die Einwanderer abholten, waren auch gespannt und hielten Ausschau. Niemand wollte seine Leute verpassen.

Wir standen einige wenige Momente in der Tür und ließen die Szenerie auf uns wirken. Langsam gingen wir los. Ein Mann tauchte auf. Er hielt ein Foto in seiner Hand. „Joseph, Hanna, Ruthie! You look just like your picture." Ihr seht genau aus wie auf dem Bild. Wir wussten nicht, was er sagte, aber er hielt uns seine Hand hin, um die meines Vaters und die meiner Mutter zu schütteln. Mir tätschelte er freundlich den Kopf. Gott sei Dank! Cousin Irving holte uns ab. Wir hatten die erste Hürde genommen.

Willkommen
in unserem neuen Zuhause

Ruth mit Helene, der Enkelin von Dina Gardner.

„Wir sind da! Wir sind da!" Ich wäre am liebsten auf und ab gesprungen und hätte laut geschrien, so froh war ich, wieder auf festem Boden zu stehen. Ich rannte in kleinen Kreisen um Mama und Papa herum, als Cousin Irving Mama die Koffer abnahm. Papa trug die anderen beiden. Cousin Irving führte uns vom Busbahnhof auf einen großen Parkplatz. Ein eisiger Wind ging durch unsere Kleider hindurch und brüllte unsere müden Körper an: „Wacht auf!"
Als Cousin Irving die hintere Tür seines Autos öffnete, kletterten Mama und ich schnell hinein. Das Gepäck wurde

derweil im Kofferraum verstaut. Dann setzten sich die Männer auf den Vordersitz, und wir hörten den ungewohnten Ton eines startenden Automotors. Langsam rollten wir vom Parkplatz. An Mama gekuschelt, ohne den Wind, der mir ins Gesicht blies, fühlte ich mich wohl.

Hannas Tante Dina Gardner, geborene Nussbaum.

Schneeflocken begannen vom Himmel zu fallen, als Cousin Irving mit uns den Outer Drive entlang fuhr, damit wir die schönen Hochhäuser sehen konnten, die an der Michigan Avenue stehen. Licht brannte in den Fenstern, und bunte Neonschilder leuchteten hell. Wir sahen aus dem Auto und waren verblüfft von der nächtlichen Schönheit dieser Großstadt. Was für ein atemberaubender erster Blick auf Chicago! Dann fuhren wir zum Haus seiner Mutter. Tante Dina Gardner war die jüngste Tante meiner Mutter. Sie war mit ihrer Schwester, Tante Regina, vor dem Ersten Weltkrieg in die

Vereinigten Staaten gekommen. Meine Mutter war ihr als kleines Kind zuletzt begegnet. Dina war jetzt Witwe und hatte zwei Söhne, die noch zu Hause wohnten, Irving und Sol, und zwei verheiratete Töchter, Goldie und Lily.

1939 versuchten die Menschen in den Vereinigten Staaten, sich von der Großen Depression zu erholen. Die meisten waren arm. Irving verkaufte aus seinem Auto heraus Waren auf Kredit, und Sol machte eine Ausbildung zum Buchhalter. In der Wohnung, die sich Dina und die Jungs teilten, war kein Platz für drei Gäste. Cousine Goldie hatte ein möbliertes Zimmer gefunden, in dem wir wohnen würden, bis wir etwas Besseres gefunden hatten.

An dem Abend wartete die ganze Familie in Tante Dinas kleinem Apartment auf unsere Ankunft. Als wir vor einem gelben, dreistöckigen Backsteingebäude an der West Side hielten, nahm Mama einen unserer Koffer mit nach oben. Ich wusste, dass Geschenke für alle darin waren, aber Irving wunderte sich, warum sie darauf bestand, den Koffer raufzutragen.

Als die Tür aufging, sah ich ein Meer von lächelnden, uns willkommen heißenden Gesichtern, alte und junge, und hörte eine Mischung aus Deutsch und Jiddisch. Alle Erwachsenen umarmten oder tätschelten mich. Die drei Kinder – zwei Jungen, die ein paar Jahre älter waren als ich, und ein kleines Mädchen, das vielleicht ein Jahr jünger war – sahen mich mit freundlicher Neugier an.

Die Frauen nahmen unsere Mäntel, Hüte, Schals und Handschuhe und führten uns ins Esszimmer, wo ein Tisch mit kaltem Aufschnitt beladen war – Cornedbeef, Zunge, Pastrami – mit allem Drum und Dran: Kartoffelsalat, Krautsalat und Roggenbrot. Niemand musste mich überreden! Ich war hungrig und verschlang das Sandwich, das Mama mir machte.

Dieses Essen ist lecker, dachte ich. Cornedbeef war ein neues Geschmackserlebnis für mich – eines, das ich bis zum heutigen Tag genieße.

Die Erwachsenen sprachen über unsere Seereise, über Hitler und die Verfolgung der Juden in Europa, während das kleine

Hannas Tante Regina Hamburger, geborene Nussbaum,
vor dem Ersten Weltkrieg.

Mädchen, Helene, mir ihre Puppe und ein kleines Teeservice zeigte. Wir lächelten, nickten und spielten zusammen, obwohl ich kein Englisch sprach und sie kein Deutsch.

Meine Mutter hatte zwei Silberfuchsfelle für ihre Cousinen gekauft. Die Felle hatten noch einen Kopf und schwarze Knopfaugen. Ich fand sie schrecklich, aber Goldie und Lily schienen sich zu freuen und verkündeten, dass sie die Fuchsstolen über ihren Wintermänteln tragen würden. Mama überreichte Tante Dina und Tante Regina hübsche bestickte Tischtücher mit den passenden Servietten.

Als wir genug zu essen und genug Gesellschaft gehabt hatten, fuhr uns Irving zu unserem vorübergehenden Schlafplatz, dem möblierten Zimmer in einer Wohnung ganz in der Nähe. Der Raum enthielt ein Doppelbett und ein kleines Bett für mich und war kaum groß genug für unser Gepäck und uns. Aber wir waren mittlerweile so müde, dass nichts zählte, außer einen Platz zu haben, an dem wir uns hinlegen und schlafen konnten. Mitten in der Nacht wachte ich auf, weil es mich juckte. Als ich mich aufsetzte, bemerkte ich, dass meine Eltern auch wach waren. Schlaftrunken machten wir das Licht an und sahen Dutzende von schwarzen Käfern durch die weißen Laken krabbeln. Ich war entsetzt! Noch nie hatte ich Bettwanzen gesehen. Meine Eltern wollten jetzt nur noch ein Apartment finden und rauskommen aus diesem ekligen Zimmer. Innerhalb einer Woche hatten wir eine kleine Wohnung im ersten Stock, nach hinten raus. Der Eingang war gegenüber von einer Gasse, statt gegenüber der Straße. Deshalb war die Miete niedrig.

Mein Vater hatte die ganze Woche damit zugebracht, sich die Hacken abzulaufen, um Arbeit zu finden – jede Arbeit, die ihm genug Geld einbringen würde, damit wir Lebensmittel zum Essen kaufen und eine andere Unterkunft finden konnten. Er ging in jeden Laden in dem Einwandererviertel, in dem wir jetzt wohnten, und fragte den Besitzer, ob er irgendeinen Job für ihn hätte. Die Arbeit, die er fand, war, in einem koscheren Metzgerladen toten Hühnern die Federn auszureißen. Kein Job, den er lange behalten wollte, aber fürs Erste gut genug. Cousine Goldie wusste, dass die Frau eines Arztes eine Putzfrau suchte, und meine Mutter nahm diese Arbeit dankbar an. Jetzt war das Problem: Was würden sie mit mir machen, wenn ich aus der Schule kam?

Cousine Goldie war die Rettung! Sie wusste von der Tag- und Nachtkrippe Douglas Park, wo Kinder nach der Schule betreut wurden. Das war zu Fuß von der Schule zu erreichen.

Hannas Cousin Irving Gardner auf Ruths Hochzeit.

Innerhalb von zwei Wochen war ich eine Erstklässlerin, die nach dem Unterricht zum Hort ging. Wie schnell alles weiterging!

Meine Lehrerin war jung und engagiert. Ich war das einzige Kind in ihrer Klasse, das nicht Englisch sprach. Sie arbeitete mit mir, indem sie mir die englischen Namen von Dingen im Klassenzimmer sagte und sie für mich aufschrieb. Ich lernte schnell, Englisch zu lesen und zu sprechen, vor allem dank der Geduld und der Hilfe von Miss Henneberry. Als ich anfing, Englisch zu sprechen, wurde ich zur Sprecherin meiner Eltern. Wenn der Wasserhahn tropfte, rief ich den Vermieter. Wenn meine Eltern ein Bankkonto eröffnen wollten, sprach ich mit dem Kassierer. Es war nicht viel Zeit für Kinderspiele und Leichtsinn im Leben der kleinen Ruth.

Meine Mutter hatte in deutschen Zeitungen Geschichten gelesen über den berühmten Chicagoer Gangster Al Capone. Sie wusste, dass er einen großen schwarzen Sportwagen hatte, und war sicher, dass er und andere Gangster in der Stadt herum fuhren und willkürlich Leute erschossen. Sie waren eine Gefahr für uns. Wenn wir die Straße hinunter gingen und ein großes schwarzes Auto auf uns zukommen sahen, zog mich Mama schnell in den nächsten Hauseingang. Erst nach einem Jahr in der Windy City (Windigen Stadt) hörte sie auf, mich in Hauseingänge zu zerren, wenn große schwarze Autos vorbeifuhren.

Mein Immunsystem war nicht an amerikanische Bakterien gewöhnt. Ich bekam hohes Fieber und einen Ausschlag, der nicht wegging. Meine Mutter rief Goldie, die ihren Doktor bat, in unsere Wohnung zu kommen, um nach mir zu sehen. Ja! Damals machten Ärzte Hausbesuche. Er untersuchte mich und stellte Scharlach fest. Das war ernst. Er nagelte einen Quarantäne-Zettel an unsere Vordertür und sagte, ich könne nicht rausgehen, und niemand dürfe uns besuchen, bis ich nicht mehr ansteckend war. Meine Mutter geriet in Panik. Was würde aus ihrem Job, wenn sie nicht zur Arbeit gehen konnte? Es wurde beschlossen, dass Mama mir Frühstück machen würde und ein Sandwich für mittags. Dann würde sie zur Arbeit gehen. Der erste Tag allein zu Hause war sehr lang, obwohl Mama in die Bücherei gegangen war und einen großen Stapel Bücher nach Hause gebracht hatte. Als ich hörte, wie sich Mamas Schlüssel im Schlüsselloch drehte, war ich so froh, sie zu sehen. Sie hatte ein Päckchen Schokoladenkekse in ihrer Tasche als besonderes Geschenk.

An diesem Abend brachte Papa unser allererstes Radio mit nach Hause, das mir während des Tages Gesellschaft leisten sollte. Was für ein tolles Geschenk! Er stellte es gleich neben mein Bett, und am nächsten Tag drehte ich den Regler von einer Station zur nächsten, bis ich Programme fand, die ich mochte. In Chicago lebten viele Einwanderer. Ich fand deutsche Sendungen, italienische, polnische und ungarische. Auch wenn ich die Moderatoren nicht verstand, mochte ich die Musik, die gespielt wurde. Die lebhaften polnischen Polkas und die lyrischen italienischen Melodien, gesungen von Tenören, waren meine Favoriten.

Ich hatte das Radio den ganzen Tag für mich, und es ließ die Zeit so viel schneller vergehen, bis ich hörte, wie sich der Schlüssel im Schloss drehte. Das Radio wurde mein dauerhafter Gesellschafter und meine Quelle für Unterhaltung und Informationen.

Ich frage mich, ob diese frühen Radioerfahrungen der Grund sind, warum ich mich einsam fühle, wenn tagsüber kein Radio läuft. Das Radio ist heute so wichtig für mich wie damals, als ich sechs war und Scharlach hatte.

Mein Held

Ruth (vorn, zweite von rechts) im zweiten Schuljahr.

Wie sieht ein Held aus? Wie Supermann? Tarzan? König David? Mein Held war ein dünner fünfzehnjähriger Junge namens Alfred. Seine Nase war zu groß für sein langes, schmales Gesicht. Sein lockiges Haar war mausbraun, und er trug eine dicke Brille.

Alfred und ich trafen uns in der Tag- und Nachtkrippe am Douglas Park. Ich war „Tag". Das bedeutete, dass meine Eltern mich nach der Arbeit abholten. Er war „Nacht". Das bedeutete, er war die ganze Zeit in der Kindertagesstätte. *Im Englischen klingt night (Nacht) wie knight (Ritter).* Alfred war ein Ritter auf eine wichtige Weise. Er beschützte mich vor der verletzenden Grausamkeit anderer Kinder.

Ich kam in den Hort, bald nachdem wir im Januar 1939 in Chicago angekommen waren und meine Eltern Arbeit gefunden hatten. Ich sprach nur Deutsch – mit ein paar englischen Brocken, hier und da eingeworfen: „Yes, no, hello, thank you, okay, goodbye." Die Kinder in der Krippe hatten ihre Eltern von den schrecklichen Dingen erzählen hören, die die deutschen Nazis in Europa machen. Ich kam aus Deutschland, also musste ich ein Nazi sein.

Als ich zum Hort ging, traf ich andere Kinder, die auch dorthin unterwegs waren. „Here comes the Nazi!" „Why don't you go back to the Fatherland?" „Dirty Nazi!" „We don't want you around here!" Da kommt der Nazi! Warum gehst du nicht zurück in die Heimat? Dreckiger Nazi! Wir wollen dich hier nicht!

So stichelten sie und beschimpften mich laut. Ich rannte zur Tür, huschte in das Gebäude und fand eine Ecke im Spielzimmer, wo ich aus dem Fenster gucken konnte. Ich gab keinen Laut von mir, aber die Tränen flossen nur so.

Alfred, der seine Hausaufgaben an einem Schreibtisch machte, der zum Fenster hin stand, war der einzige, der es bemerkte. Er kam zu mir, legte seine Hand auf meine Schulter und fragte leise: „What is wrong, little girl?" Was ist los, Kleines?

Ich weinte noch mehr, als ich die sanfte Berührung bemerkte und seine mitfühlende Stimme hörte. Er hörte mich „Nazi" und „Jude" zwischen Schluchzern sagen. Wie absurd so etwas war, da die Nazis uns aus Deutschland vertrieben hatten, nach Amerika zu kommen und Nazi genannt zu werden.

Alfred war verwirrt und fand eine Angestellte, die Jiddisch sprach, eine Sprache, die mit dem Deutschen vieles gemeinsam hat. Sie übersetzte ihm meine geschluchzten Worte. Er brauchte ein paar Minuten, um sich vorzustellen, was sich genau ereignet hatte: Ich war von ein paar älteren Kindern drangsaliert worden.

Jetzt hatte ich einen Beschützer. Er sorgte dafür, dass ich nachmittags in seiner Nähe blieb. Wann immer ein älteres Kind sich mir näherte, kam er herüber und sagte: „If you insult Ruthie by calling her a Nazi, I'll deal with you. She left Germany because of the Nazis, you idiot!" Wenn du Ruthchen Nazi nennst und sie beleidigst, bekommst du es mit mir zu tun. Sie hat Deutschland wegen der Nazis verlassen, du Idiot!

Es dauerte nicht lang, bis sich das herumsprach. Alfred passte auf mich auf. Weil er größer und älter war als die meisten anderen Kinder, hatte sein Wort Gewicht.

Für den Rest meines Aufenthalts in der Douglas Park Day and Night Nursery war meine größte Sorge, dass es Maisbrei zum Abendessen gab. Igitt! Die Kinder behandelten mich mit Neugier, und ein paar freundeten sich sogar mit mir an.

Es gibt ein Nachwort zu dieser Geschichte. Zwei Jahre später klopfte es an unsere Wohnungstür. Als meine Mutter öffnete, stand ein dünner junger Soldat auf dem Gang. „Hello, Mrs. Stern. I'm Alfred from Douglas Park. I want to tell Ruthie that I'm going to help rid the world of Nazis; so she never has to worry about being called a Nazi again." Hallo, Frau Stern. Ich bin Alfred vom Douglas Park. Ich will Ruthchen sagen, dass ich dabei helfen werde, die Welt von den Nazis zu befreien, damit sie sich nie wieder Sorgen darüber machen muss, Nazi genannt zu werden.

Inzwischen stand ich neben meiner Mutter. Er hob mich in die Höhe, als er mich umarmte und sagte: „When I fight the Nazis, I'll think of you." Wenn ich gegen die Nazis kämpfe, werde ich an dich denken.

Ich habe ihn nie wieder gesehen.

Blond ist schön

Sonja Roth, Ruths einst blonde Cousine.

Wir schrieben das Jahr 1939. Die Vereinigten Staaten begannen erst, aus der Großen Depression herauszukommen. Jobs waren rar. Was für eine Art Arbeit konnten Hanna und Joseph finden? Sie waren aus Nieder-Ohmen gekommen, aus Deutschland. Er war Viehhändler gewesen. Zu Hause hatte sie die Mahlzeiten gekocht, das Haus in Ordnung gehalten, die Wäsche gewaschen, den Garten bestellt. Keine von Papas Fähigkeiten war in Chicago gefragt. Aber sogar in Chicago wollten die Leute saubere Häuser.

Und so war die erste Stelle, die meine Mutter hatte, ein Putzjob. Ich erinnere mich daran, dass eine ihrer ersten Kundinnen Frau Doktor Danielius hieß. Sie war die Frau eines Arztes, und meine Mutter, die sehr beeindruckt war von Autoritäten, nannte sie nie Frau Danielius, sondern immer Frau Doktor Danielius. Ich werde sie Frau Danielius nennen, weil ich in den USA aufgewachsen bin und Gott sei Dank den extremen deutschen Respekt vor Autoritäten verloren habe!

Ohne es zu wissen, half mir Frau Danielius dabei, die amerikanische Kultur kennenzulernen. Was sie tat, war, meiner Mutter alte „Life"-Magazine zu geben. Jeden Abend blätterte ich darin. Als Fünfjährige konnte ich die Artikel nicht lesen, aber ich liebte die Werbung.

Ich erinnere mich daran, wie ich die Seiten des „Life"-Magazins umblätterte und die blonden, blauäugigen, lächelnden jungen Frauen betrachtete. Meist waren sie umgeben von jungen Männern, die sie bewunderten.

Ich wollte sein wie sie.

Die Cousinen Karola und Sonja.Videointerviews mit Karola Stern Steinhardt sind im Internet zu finden.

Dieser Neid auf blonde, blauäugige Mädchen – woher in aller Welt kam er? Meine Vermutung war immer, dass ich mich wie eine Außenseiterin in Chicago gefühlt hatte – dieses kleine Mädchen mit kurzem, glatten, dunklen Haar und Ponyfransen über seinen traurigen Augen. Wenn ich mir diese Zeitschriften ansah, kam ich zu dem Schluss, dass blonde, blauäugige Mädchen gesellschaftlich anerkannt waren. Immerhin sahen sie auf den Fotos so glücklich und zuversichtlich aus.

Das wäre eine zu einfache Antwort. Meine Cousine Karola hat mir eine Geschichte über meine Kindheit erzählt, die mir bewusst gemacht hat, dass dieser Neid viel früher angefangen hat. Sie erinnerte sich daran, dass meine Cousine Sonja, die blonde lockige Haare und blaue Augen hatte, nach Nieder-Ohmen kam, als ich ungefähr drei Jahre alt war. Ich hatte sie bewundert, war zu ihr gegangen, hatte ihr Haar und ihr Gesicht gestreichelt und gesagt: „Du bist sooo ein hübsches Mädchen!"

Meine Cousine erinnerte sich, zu mir gesagt zu haben: „Du bist auch ein hübsches Mädchen!" Ich hatte sie einfach ignoriert. Ich frage mich, ob ich Hitlers Propaganda von der Überlegenheit der „arischen" Rasse übernommen hatte. Die Deutschen glorifizierten dieses hellhäutige, blonde, blauäugige Aussehen als Ideal. Schleichen sich kulturelle Gepflogenheiten in das Leben eines so kleinen Kindes ein? Wer kann das sagen? Ich weiß nur, dass ich dieses Gefühl habe, solange ich mich erinnere.

Dann, als ich mir die „Life"-Magazine in den Vereinigten Staaten anschaute, lernte ich: „Blonde haben mehr Spaß!" Mein semitisches Aussehen aber verdammte mich dazu, zweitklassig zu sein. Ich entschied mich, stattdessen klug zu werden. Dieser frühe Entschluss hat mein Leben bestimmt. Danke, Frau Danielius.

Sich eingewöhnen

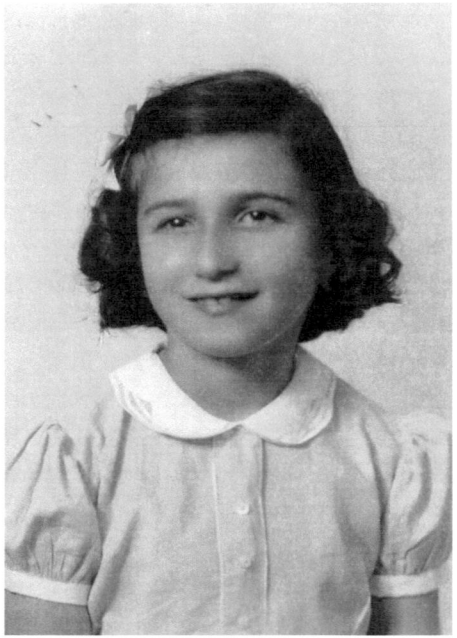

Ruth im Alter von acht Jahren
in ihrem ersten amerikanischen Kleid.

Das Leben wurde allmählich leichter für die Familie Stern in Chicago. Mama packte jetzt in einem großen Versandkaufhaus, Sears Roebuck, die bestellten Waren ein. Die Unternehmens-zentrale war zu Fuß nicht weit von unserem Zuhause entfernt. Sears verkaufte die Sachen aus seinem Katalog auf dem ganzen Kontinent. Sie brauchten viele Arbeiterinnen, die die Bestel-lungen fertig machten, und meine Mutter arbeitete hart und akkurat. Gut für mich. Sears gewährte Angestellten Rabatt, und am Ende einer Saison brachte der Konzern einen Katalog mit heruntergesetzter Ware heraus. Wenn ich ein neues Kleid brauchte, suchten Mama und ich manchmal ein billiges, praktisches aus, das gerade im Ausverkauf war. Ich war begeistert von meinem ersten Kleid, das kein geändertes von Mama war.

Meine Mutter war von Natur aus sparsam, vielleicht sogar geizig, und führte unseren Haushalt mit Bedacht. Jeden Mittwochabend durchsuchte sie die Anzeigen der Gemischtwarenläden nach den besten Angeboten. Donnerstagabends nach dem Essen folgten sie und ich unserem wöchentlichen Ritual und gingen mit unserem zusammenklappbaren Einkaufswagen zu den beiden Supermärkten in unserer Nachbarschaft. Beide waren etwa anderthalb Kilometer von unserer Wohnung entfernt, aber sie lagen nicht in derselben Richtung. Wir deckten uns mit den Waren ein, die in dieser Woche im Angebot waren. Bonbons, Kekse und andere albern eingepackte Sachen zu kaufen, kam nicht infrage.

Ich muss meiner Mutter zugute halten, dass sie mit ihrem sparsamen Haushalten in der Lage gewesen ist, genug Geld zu sparen, damit mein Vater und sie im Alter versorgt waren. Meine Mutter war fest entschlossen, es allein zu schaffen und keine Hilfe von der „Regierung" anzunehmen. Das haben meine Eltern nie getan. Aber sie kauften auch nie Dinge, die ihnen Vergnügen bereitet hätten, wie zum Beispiel Schallplatten oder Bücher. Ich erinnere mich nicht, einmal mit ihnen essen oder ins Kino gegangen zu sein. Solche Aktivitäten waren nach Ansicht meiner Mutter zu kostspielig. Sie war der Auffassung, Arbeit sei die beste Art, seine Zeit zu verbringen. Nachdem ich geheiratet hatte und nach Madison, Wisconsin, gezogen war, beendete sie unsere wöchentlichen Telefonate mit dem Satz: „Well, go do your work." Gut, schaff was. Wegen dieses Satzes, den meine Mutter meine ganze Kindheit über zu mir gesagt hatte, fühlte ich mich noch jahrelang schuldig, wenn ich zu viel Spaß hatte oder Geld für „unnütze" Dinge ausgab. Ich bin glücklich, euch mitzuteilen, dass ich zwischenzeitlich gelernt habe, dass Spaß zu haben und Geld auszugeben in Ordnung ist, solange ich es nicht übertreibe.

Papa sah jeden Sonntag die Stellenanzeigen in der Zeitung durch. Er und ich lasen sie gemeinsam, für den Fall, dass er nicht alle Worte verstand. Außerdem war es etwas, das wir zusammen tun konnten. Ihm fiel auf, dass es im Schlachthof von Chicago Arbeit gab, und er bewarb sich um mehrere Jobs, bevor er eine Stelle als Ausbeiner in einer Verpackungsfirma an der South Side bekam. Jetzt musste er den Bus nehmen, anstatt zur Arbeit laufen zu können, aber er erlernte einen neuen Beruf – den des Zerkleinerns von Rinderhälften zu Braten und Steaks, die in Metzgereien und Gemischtwarenläden verkauft wurden.

Das Beste war: Wir hatten jetzt eine Wohnung nach vorne raus. Das bedeutete, dass wir auf die Straße blickten, statt in den Hinterhof. Die Wohnung war im dritten Stock eines fünfzehnstöckigen Gebäudes, eines eher verwahrlosten braunen Backsteinbaus, Haus Nummer 3216 an der 16. Straße, Ecke Sawyer Avenue im Westen von Chicago. Das Apartment hatte einen Gasofen und eine Eisbox aus Eichenholz. Der Eismann kam mehrere Male die Woche und trug einen großen Eisblock auf seiner Schulter, den er mit zwei Zangen hielt. Ich erinnere mich gut an ihn. Er war ein kleiner, muskulöser Mann, der eine abgewetzte Lederhose und eine Lederweste trug. Er legte sich ein Ledertuch auf die Schulter, auf der er das Eis trug, damit sie trocken blieb. Wenn er in unser Haus kam, rief er: „How is the beautiful princess feeling today?" Wie geht es der schönen Prinzessin heute?

Ich lächelte schüchtern und murmelte: „Very well, thank you." Sehr gut, danke. Wie ich es in der Schule gelernt hatte. Ich war eine gute Schülerin, aber ich war scheu und hatte wenig Selbstbewusstsein. Zum Glück wohnten ein paar Mädchen in meinem Alter in der Sawyer Avenue und wurden meine Freundinnen. Wir gingen zusammen zur Howland Schule, und manchmal spielten wir am Nachmittag zusammen. Ich war die einzige, deren Mutter außerhalb des Hauses arbeitete, und verbrachte die Nachmittage häufig bei Barbara oder Fern. Wir amüsierten uns vor allem mit Papierpuppen. Sie stellten Filmstars dar, Figuren aus Romanen oder Angehörige von Königshäusern. Meine Lieblingspapierpuppen waren die von Filmstars, und meine Favoritin war Hedy Lamarr. (Ich wusste damals nicht, dass sie und ich viel gemeinsam hatten. Sie war eine jüdische Österreicherin, die Europa 1938 verlassen hatte.) Als wir uns eines Tages stritten, riss Barbara Hedy den Kopf ab. Ich war wochenlang böse mit ihr!

Barbaras Familie mietete jeden Sommer ein Ferienhaus in South Haven, Michigan, für eine Woche. Weil Barbara das einzige Mädchen in der Familie war und zwei Brüder hatte, fragte sie mich, ob ich Lust hätte, mitzukommen und ihre Spielkameradin zu sein. Seit wir in den Vereinigten Staaten angekommen waren, war ich nie weiter gekommen als in die Umgebung von Chicago, von einem anderen Staat ganz zu schweigen. Meine Eltern stimmten zu, nachdem meine Mutter mir Ratschläge gegeben hatte, die für eine einjährige Reise gereicht hätten, anstatt für einen einwöchigen Ausflug! Das Ferienhaus war einfach, und wir schliefen auf der Sonnenveranda. Barbaras Mutter kochte „kinderfreundliche" Mahlzeiten für uns – Makkaroni und Käse, Hot Dogs, Hamburger und gegrillte Hühnchen. So etwas gab es bei uns zu Hause nicht, und es waren Leckereien. Wir konnten zum Strand gehen und den ganzen Tag dort spielen, im Sand graben, in die Wellen hineinlaufen und Bücher lesen, wenn wir uns auf der Decke ausstreckten. Meine allererste amerikanische Reise war ein großer Erfolg, und ich mochte Barbara wieder – obwohl sie Hedy den Papierkopf abgerissen hatte.

In unserem Leben hatte sich eine komfortable Routine eingestellt. Die Woche verging mit Schule und Arbeit. Freitagnachmittags machten wir uns fertig für Shabbos (Sabbat). Meine Mutter arbeitete bis drei Uhr nachmittags am Freitag. Ich half ihr, den Tisch zu decken und den Salat zu zupfen, während sie die Hühnersuppe, das Gemüse und die Kartoffeln kochte und das Brathuhn zubereitete. Wir kauften Challah und Kuchen fürs Abendessen und süße Brötchen für das Frühstück am Sabbat in der jüdischen Bäckerei an der Kedzie Avenue, weil meine Mutter nicht genug Zeit hatte, nach der Arbeit noch zu backen. Bei Sonnenuntergang sprach meine Mutter den Sabbatsegen über den Kerzen, dem Wein und dem Challah, bevor das Abendessen serviert wurde.

Samstagmorgens las Mama die Sabbatmorgengebete in ihrem Gebetbuch. Als ich neun Jahre alt war, machte sie sich Sorgen, ob mein Hebräisch gut genug war, um die Gebete lesen zu können. Nun, Mama las fließend Hebräisch in ihrem Gebetbuch, aber sie hatte keine Ahnung, was die Worte bedeuteten. Sie wollte, dass ich auch lernte, Hebräisch zu lesen. Mir war es egal, aber als gehorsames Kind widersprach ich nicht, als ich zur Hebräischschule gehen sollte. Wir gehörten zu keiner Synagoge, denn Mama wollte den jährlichen Mitgliedsbeitrag nicht bezahlen, weil Papa keine Lust hatte, jede Woche in die Synagoge zu gehen und zu beten, und sie selbst gerne zu Hause betete. Das bedeutete, dass sie einen anderen Weg finden musste, wie ich Hebräisch lernen konnte.

Die Lösung war eine kleine Cheder (Hebräischschule) in einer Ladenzeile an der Kedzie Avenue.

Der einzige Lehrer war Mr. Katz. Er war ein älterer Mann mit dünner werdendem grauen Haar, einem faltigen Gesicht, das dazu passte, und einem hervorquellenden Bauch. Seine sechs oder sieben Schüler saßen auf Holzbänken, die an den Tischen befestigt waren und an kleine Picknicktische erinnerten. Wir waren alle dort, um unser Alef Bet, das hebräische Alphabet, zu lernen. Mr. Katz verteilte zuerst hebräische Bücher und erklärte das Alphabet und die Selbstlaute. Dann arbeiteten wir eigenständig, während er zu jedem einzelnen von uns kam, um zu helfen. Wenn er sich neben mich setzte, legte er seinen Arm um mich und atmete in mein Ohr, während ich einfache hebräische Worte lesen sollte. Ich fühlte mich wirklich unwohl, wenn er mir so nah kam. Was sollte ich tun? Meine Mutter will, dass ich Hebräisch lerne, aber ich hasse es, wie es sich anfühlt, wenn Mr. Katz mich anfasst, dachte ich. Mama wird böse sein, wenn ich aufhöre. Nun, ich werde noch ein einziges Mal hingehen.

In der zweiten Woche benahm sich Mr. Katz genauso. Nach dem Unterricht rannte ich nach Hause, stürmte in die Wohnung und rief: „Ich werde NIE wieder in diese Hebräischklasse gehen. Mr. Katz legt seinen Arm um mich und atmet in mein Ohr. Ich mag ihn nicht! Er macht, dass mir gruselig wird!"

Meine Mutter sah mich lange an, ohne ein Wort zu sagen. Schließlich sagte sie leise: „In Ordnung, du musst nicht wieder hingehen."

Was für eine Erleichterung!! Zum ersten Mal in meinem Leben hatte ich wahrgenommen, dass Mama auf mich hörte – und dass ich ihr meine Sicht der Dinge vermitteln konnte. Ich fühlte eine Fähigkeit, die ich für den Rest meiner Kindheit nutzte – die Fähigkeit, einem Erwachsenen zu sagen, was mir geschah, und ihn vielleicht dazu zu kriegen, es mit meinen Augen zu sehen.

Meine gute Fee

Ruth im Alter von 14 Jahren.

Psssst! Ich werde euch ein Geheimnis verraten. Ich hatte eine gute Fee. Sie sah nicht aus wie Cinderellas gute Fee. Ihr wisst schon – lange, blonde Haare, große blaue Augen, ein schönes Chiffonkleid in dem selben Blau wie ihre Augen, mit einem Zauberstab, der einen glitzernden Stern an seiner Spitze hatte – die Disney-Version. Das Wichtige an Feen ist, dass sie dich mit einer magischen Welt bekannt machen, von der du nicht geahnt hast, dass es sie gibt.

Meine gute Fee hat das getan. Sie war eine Lehrerin namens Mildred Anderson, die die fünfte Klasse meiner Grundschule, der Howland Elementary School in Chicago, unterrichtete. Mrs. Anderson war eine Frau mittlerer Größe und Mitte vierzig. Sie hatte dauergewelltes, braunes, kurzes Haar und ein warmes Lächeln, das ihre grünen Augen hinter ihrer Hornbrille leuchten ließ. Sie trug vernünftige schwarze Schnürschuhe und schlichte Röcke und Blusen, eine typische Lehrerin der Vierziger.

Mrs. Anderson war die erste Erwachsene in Chicago, die den Eindruck hatte, dass ich etwas Besonderes war. Aus einem unbekannten Grund entschloss sie sich, mich unter ihre Fittiche zu nehmen. Vielleicht war Mrs. Anderson ihrer Zeit voraus. Sie entschied sich, ihr eigenes „Head Start"-Förderprogramm mit einer einzigen Schülerin zu machen. Ich war klug und gut in der Schule, aber es mag ihr aufgefallen sein, dass andere Kinder darüber sprachen, dass sie in die Ferien fuhren, in den Zoo gingen oder ins Museum. Ich erzählte nie von solchen Unternehmungen, weil ich nichts unternahm!

Als meine Eltern mit wenigen Habseligkeiten und ohne Geld aus Deutschland in den USA ankamen, waren ihre Ziele, Arbeit und eine Mietwohnung zu finden, in Sicherheit zu sein und sich etwas aufzubauen in ihrer zweiten Heimat. Mit mir etwas zu unternehmen stand ganz unten auf der To-do-Liste. Als mein Vater im Schlachthof gearbeitet und meine Mutter die ganze Woche anderer Leute Häuser geputzt hatte, brauchten sie das Wochenende, um sich zu entspannen und neue Kraft zu sammeln.

Mrs. Anderson rief mich in einer Pause in ihr Büro. „Have you ever been to the arboretum, or the Museum of Science and

Industry or the Field Museum?" Warst du schon einmal im Botanischen Garten, im Wissenschafts- und Industriemuseum oder im Field Museum, *dem Museum für Naturwissenschaft*? „No, my parents don't do things like that. They don't speak English and don't have a car", erklärte ich. Nein, meine Eltern machen so etwas nicht. Sie sprechen kein Englisch und haben kein Auto. „They have never even heard of the museums." Sie haben noch nicht einmal von diesen Museen gehört.

„I would like to take you to some of those places on Saturday mornings. Chicago is an exciting city, and you're missing out on the excitement. Would you like to do that?" Ich würde gerne mit dir samstagmorgens ein paar von diesen Orten besuchen. Chicago ist eine aufregende Stadt, und du hast noch gar nichts davon gesehen. Hättest du Lust dazu?

Ich muss sprachlos gewesen sein. Ich erinnere mich, genickt zu haben. Mit meiner geliebten Lehrerin samstags Zeit alleine zu verbringen: Womit hatte ich so viel Glück verdient?

„Good! I'll write a note to your mother. Now, there is one important rule you must obey. You may not tell the other children about our Saturday outings. If you do, they will think you're the teacher's pet and tease you." Gut! Ich werde deiner Mutter schreiben. Aber unter einer Bedingung: Du darfst den anderen Kindern nichts von unseren Samstagsausflügen erzählen. Falls du das machst, werden sie denken, du bist der Liebling der Lehrerin, und werden dich ärgern.

An diesem Nachmittag rannte ich nach der Schule nach Hause. Meine Mutter kam zwei Stunden später von der Arbeit. Ich hörte ihre Schritte auf der Treppe und eilte auf den Gang, um sie zu begrüßen: „Mama, Mama! Mrs. Anderson will Samstagmorgens mit mir ins Museum gehen!"

Meine Mutter war überrascht und verwirrt. In ihrem Gesicht spiegelten sich Argwohn und Unsicherheit. „Warum will sie das tun? Was will sie mit dir?"

„Sie will, dass ich etwas von Chicago sehe. Sie weiß, wir haben kein Auto, und wir gehen nicht in Museen und wo die amerikanischen Kinder sonst noch hingehen."

„Aber Ruth, Samstag ist Sabbat. Wir fahren am Samstag nicht herum. Es ist der Tag des Ausruhens."

Ich brach in herzzerreißendes Schluchzen aus. „Ich könnte mit der besten Lehrerin in der ganzen Welt Zeit verbringen, und du lässt mich nicht! Du bist die gemeinste Mutter, die es je gegeben hat!"

Meine Mutter zuckte zusammen. Sie hatte selten einen so heftigen Gefühlsausbruch von mir erlebt. Leise sagte sie: „Ich werde mit deinem Vater darüber sprechen. Wir müssen das jetzt nicht entscheiden."

Ich konnte es kaum erwarten, dass mein Vater heimkam. Er kam in die Wohnung in seinen schmutzigen Arbeitshosen und seinem karierten Hemd, die schwarze Metalldose in der Hand, in der er sein Essen mitnahm. Er wollte ins Bad, um sich zu waschen. Aber nein! Bevor er die Tür des Badezimmers erreicht hatte, bestürmte ich ihn: „Daddy, etwas Wunderbares ist mir heute passiert! Mrs. Anderson hat gesagt, sie wird mir samstagmorgens Chicago zeigen. Bitte, bitte! Sag, dass ich gehen darf!"

Meine Mutter kam in den Flur und sagte: „Ruth, lass deinen Vater in Ruhe. Wir werden beim Abendessen darüber reden."

Ich hatte Mühe, still zu sitzen. Endlich stellte meine Mutter den Hackbraten, die Salzkartoffeln und grünen Bohnen auf den Tisch und setzte sich. Dann nahm mein Vater zwischen uns Platz. „Also, was ist los?", fragte er mit einem Augenzwinkern, als er sah, wie ich darauf brannte, mit ihm zu reden.

„Nun, ich will mir mit Mrs. Anderson Chicago ansehen. Sie sagt, dass Chicago eine aufregende Stadt ist und dass ich so viel verpasse. Sie denkt, dass so ein Ausflug gut für meine Bildung ist."

Meine Mutter sah nicht erfreut aus und erinnerte meinen Vater: „Joseph, es ist der Sabbat. Es ist gegen unsere Religion. Wie können wir das erlauben?"

Mein Vater sah in mein flehendes Gesicht und antwortete: „Hanna, das ist eine große Ehre für unsere Tochter. Lass das Kind gehen."

Ich sprang vom Tisch auf und fiel meinem Vater um den Hals und drückte ihn. „O, danke, danke, Papa!"

Der erste Ausflug, den wir machten, führte uns ins Garfield Park Conservatory. Ich sah dort Baumwolle wachsen. Es sah aus wie kleine Wattebäusche, die wir im Laden kauften. Ich war ganz erstaunt. Eines Samstagmorgens reisten wir zum Brookfield Zoo, und ich konnte es kaum abwarten, Elefanten, Löwen und Tiger zu sehen. Und das taten wir. Der Tag war frostig und kühl, und der Zoo war nicht überlaufen. Wir konnten nah an die Käfige herangehen. Die Giraffen waren die größte Überraschung. Und ich meine: groß. Was für riesige, graziöse Tiere!

Mein fünftes Schuljahr war voller Vorfreude auf den Samstagmorgen mit Mrs. Anderson. Wenn ich an diese Zeit zurückdenke, wird mir bewusst, was für ein Wendepunkt das für mich war. Mit der Lehrerin, die ich verehrte, unterwegs zu sein und etwas über die aufregende, wundervolle Stadt Chicago zu lernen, war viel wichtiger für mich, als die Sabbatregeln einzuhalten. Wenn ich es genau bedenke – meine Abenteuer am Samstagmorgen beeinträchtigten nicht mein Jüdischsein. Sie bereicherten mein Leben. Wie könnte Gott etwas dagegen haben? Gott hätte gewollt, dass ich glücklich war, oder? Und Gott muss übrigens auch meine Fee geschaffen haben, nur damit sie mich mit dieser neuen, magischen Welt vertraut machen konnte – von der ich nicht gewusst hatte, dass es sie gab.

Zurück in die „alte Heimat"

Ruth am Grab ihrer Großmutter Röschen (1859-1925), geborene Andorn.
Von Röschens fünf Kindern sind laut Alemannia Judaica Nieder-Ohmen
drei im Holocaust umgekommen: Toni (geboren 1889) 1942 in Sobibor,
Meier (geboren 1891) und seine Frau Hedwig, geborene Roth, in Lodz,
Bertha Paula (geboren 1893), verheiratete Baum, 1943 in Theresienstadt.

Das erste Mal bin ich 1979 wieder in Nieder-Ohmen gewesen, begleitet von meinem Mann Burt und meinen Töchtern Amy (18) und Felicia (14). Wir wurden herzlich empfangen von unseren früheren Nachbarn. Keiner von ihnen war in den

Dreißigerjahren Nazi gewesen, und sie hatten uns so gut geholfen, wie sie konnten, obwohl es gefährlich war, sich mit Juden abzugeben. Wie es Heimkehrer machen, brachten wir ihnen Geschenke mit, das gerade erst erschienene Buch inbegriffen, an dem ich mitgearbeitet hatte: „Helping Children to Like Themselves" (Kindern dabei helfen, sich selbst zu mögen).

Im Jahr 2008, zwanzig Jahre später, fuhren mein Lebensgefährte Sam und meine Enkelkinder Katie (16) und Rob (14) mit mir nach Nieder-Ohmen. Vor unserer Reise hatte ich Heinrich Reichel kontaktiert, den ehrenamtlichen Heimatforscher des Dorfes.

Also wussten die Nieder-Ohmener, dass wir kamen. Dieses Mal wurden wir willkommen geheißen mit einem Empfang des Bürgermeisters im Rathaus, mit dem Heimatforscher Heinrich Reichel und seiner Frau Käthe, dem Gemeindejugendpfleger Uwe Langohr und Dorfbewohnern, die mich als Kind gekannt hatten. Wir wurden interviewt und fotografiert, und über unser Nachhausekommen wurde in der Regionalzeitung berichtet. Es war eine innige Unterhaltung, und die, die wussten, warum meine Familie so plötzlich hatte weggehen müssen, drückten ihr Bedauern und Schuldgefühle aus.

Heinrich und seine Frau Käthe zeigten uns die Fotos von jungen Nieder-Ohmenern, die eingezogen und im Zweiten Weltkrieg getötet worden waren. Du liebe Güte! Es waren so viele aus so einem kleinen Ort. Und viele sahen nicht älter aus als mein Enkel – vierzehn. Ich dachte an das Leid ihrer Eltern und Großeltern und weinte. Käthe weinte mit mir.

Während des Empfangs wurde uns berichtet, dass „Helping Children to Like Themselves" ins Deutsche übersetzt worden war und bei der Arbeit mit Kindern eingesetzt wurde, um ihr Selbstvertrauen zu stärken. Das zu hören, hob mein Selbstvertrauen enorm!

Lasst mich ein bisschen mehr über Nieder-Ohmen erzählen. Es liegt etwa 90 Kilometer nordöstlich von Frankfurt am Main. Seine Geschichte reicht weit zurück. Im Jahr 1982 feierte Nieder-Ohmen seinen 1200. Geburtstag. Kaum zu fassen! Viele Bräuche des Dorfes stammen aus dem Mittelalter. In „Words That Burn Within Me" (Worte, die in mir brennen) hat meine Cousine Hilda geschrieben, dass nachmittags immer ein Mann

Ruth und ihre Enkelkinder Katie und Rob Shenon sprechen 2008 den Kaddisch am Grab von Hirsch Stern.

in Uniform, der Ortsdiener, herumging und seine Glocke schwang. Kinder liefen herbei, um herauszufinden, was es gab. Alles, was der Bürgermeister das Dorf wissen lassen wollte, rief der Ortsdiener aus. Obwohl es eine Zeitung gab, wurden die Lokalnachrichten auf diese Weise verbreitet.

Heute gibt es keinen Ortsdiener mehr. Die Leute haben Radio, Fernsehen und Internet.

Im heutigen Nieder-Ohmen leben keine jüdischen Familien. Wir besuchten den jüdischen Friedhof, der von der Gemeinde schön restauriert worden war, und sagten Kaddish, das Gebet für die Toten, für meine Großeltern.

Heinrich hatte es zu seiner Aufgabe gemacht, die Geschichte der Juden zu erzählen, die in Nieder-Ohmen gelebt hatten. Er fand einige von uns, die überlebt hatten, und dokumentierte, wer im Holocaust ums Leben gekommen war. Herr Reichel hat den Stammbaum der Familie Stern erforscht, und ich weiß heute mehr über meine Vorfahren als jemals zuvor. Er hat mir sein 185-seitiges Buch geschickt, eine Zusammenfassung der Geschichte des jüdischen Lebens in Nieder-Ohmen.

Als ich ein Kind war, wohnte Heinrich nebenan. Er war zehn Jahre älter als ich und zündete bei uns zu Hause samstags das Feuer an, wenn Juden nicht arbeiten dürfen. Er erinnerte sich daran, dass meine Mutter ihm Matze an Pessach gegeben und Erbsensuppe für ihn gekocht hatte, wenn er krank war. Er erzählte mir, dass meine Großtante Rifka, die Erzfeindin meiner Mutter, die in der kleinen Wohnung oben in unserem Haus gewohnt hatte, ihm Tiergeschichten vorgelesen hatte. Seine Tante Anna war mit mir im Mondschein Schlittenfahren gegangen.

Es gab gute Menschen in Nieder-Ohmen in den Dreißigern, die sich fürchteten und deshalb den Mund hielten. Es gibt auch heute gute Leute in Nieder-Ohmen, und sie denken darüber

Auf Deutschlandreise mit den Enkeln.

nach, was man tun kann, um Antisemitismus zu bekämpfen und die Jugend in diesem Sinne zu erziehen. Mögen ihre Besonnenheit und ihre Bemühungen in eine Zukunft führen, in der wir unsere Unterschiede zu schätzen wissen und erkennen, dass wir alle Menschen sind.

Ruth Stern Gasten und Sam Stone mit dem Nieder-Ohmener Heimatforscher Heinrich Reichel und dessen Frau Käthe (2008).

Anhang
Meine Lebensreise
Was ich gelernt habe
Schlussgedanken
Nicht in Amerika geboren

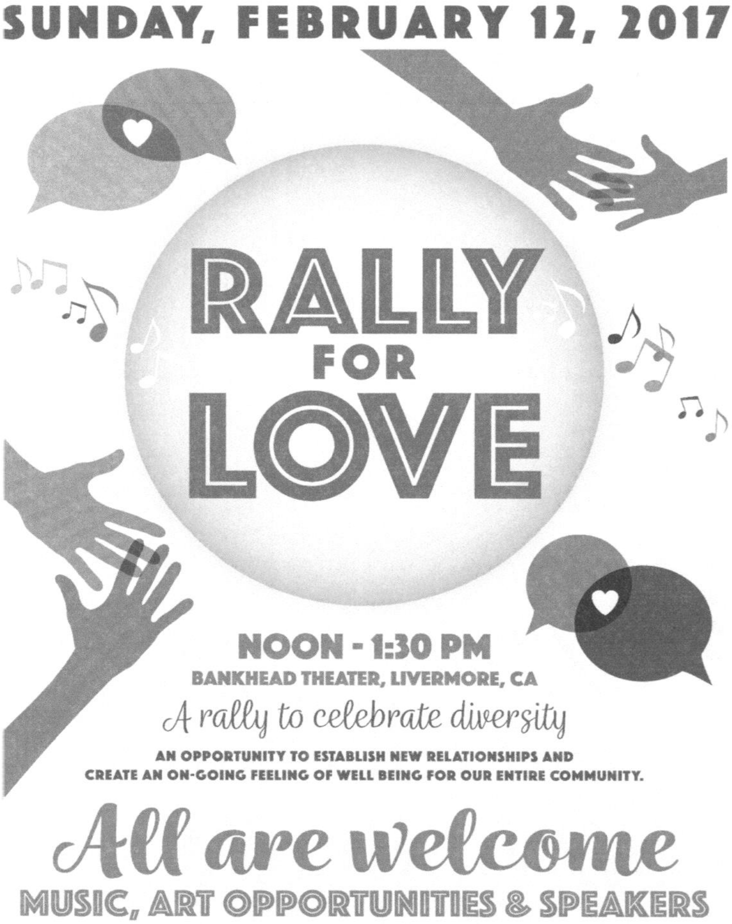

Die Demo für die Liebe hat Ruth Stern Gasten mitorganisiert.

Meine Lebensreise

Ruths Enkel Shira und Maya Inbar (von links),
Katie und Rob Shenon und Yotam Inbar im Jahr 1996.

Ich habe „An Accidental American" im Alter von 76 Jahren geschrieben. Freunde von mir waren der Ansicht, Ihr Leser würdet gerne wissen, wie es mir nach den ersten zehn turbulenten Jahren ergangen ist. Also habe ich beschlossen, eine kurze Lebensgeschichte zu schreiben. Falls es Euch interessiert, lest weiter.

An meinem elften Geburtstag begann ich mich wie eine ECHTE Amerikanerin zu fühlen. Meine Freundinnen Barbara, Fern und ich saßen auf Ferns Veranda und sangen Lieder aus „Your Hit Parade", der Wochenzeitschrift, in der die Texte der 40 erfolgreichsten Schlager standen. Oder wir gingen in den Douglas Park und spielten Pingpong im Freizeitheim. Fahrrad zu fahren, war nicht drin. Es kostete zu viel Geld, aber auch wenn wir es uns hätten leisten können, hätte meine Mutter wohl ganz entschieden „Nein" gesagt. Immerhin erlaubte sie mir nicht mal Rollschuhe, weil sie Angst hatte, ich würde stürzen und mich verletzen. Die Rechnung für einen gebrochenen Arm zu bezahlen, wäre ein ernstes Problem für die Familie Stern gewesen.

Ich sprang ohne Probleme von der sechsten in die achte Klasse in der Schule. Da ich aus einer deutschen Immigrantenfamilie kam, in der das Befolgen von Regeln wichtig genommen wurde, war ich daran gewöhnt, meine Arbeit zu machen und sie gut zu machen. Ich war ein braves, braves Mädchen – ich erledigte alle meine Hausaufgaben, passte im Unterricht auf und machte keinen Ärger.

John Marshall High School war ein großes rotes, dreistöckiges Backsteingebäude, das einen ganzen Block einnahm – eine typische städtische High School ihrer Zeit. Ich war gerade 13 Jahre alt geworden, als ich sie das erste Mal betrat. Der Anblick der vielen Schüler, die nach zwei Unterrichtsstunden den Gang mit den Schließfächern hinunterströmten, und der Lärm, den sie machten, ihr Reden, Lachen und Schreien, überwältigten mich zuerst. Als ich dann herausgefunden hatte, in welchen Räumen ich Unterricht hatte und wo die Cafeteria war, ging es mir besser.

Jeder von uns hatte ein Schließfach für seine Bücher und Jacken. Rucksäcke gab es damals noch nicht. Eine Art, Freundschaft zu schließen, war, mit den Jugendlichen zu sprechen, die die Schließfächer in deiner Nähe hatten. Freunde zu finden, war schwierig. Es gab keine Gemeinsamkeiten zwischen denen, die Nachhilfe brauchten, und denen, die gut in der Schule waren. Es gab die, die Musik machten oder Theater spielten, und es gab sogar Schüler, die Drogen nahmen.

Braut und Brautmutter.

Braut und Brautvater.

Das frisch vermählte Paar.

Die stolzen Brauteltern.

Vielleicht glaubt Ihr das nicht, aber ich sah nach Schulschluss oft einen Mann in einem dunklen Mantel, der den Jungs „Knaster" verkaufte, in der Nähe des Schuleingangs herumlungern. Ich wusste nicht, dass „Knaster" Marihuana-Zigaretten waren, aber ich wusste, sie waren verboten und schlecht für uns.

Kleidung war wichtig in der High School. Die angesagten Mädchen trugen Cashmere Pullover mit passender Strickjacke und dazu karierte Röcke. Ich wollte auch ein paar schöne Kleider. Also jobbte ich nach der Schule und am Samstag. Mein erster Job war, mich im Hinterzimmer des Ladens seiner Eltern um einen frechen kleinen Jungen zu kümmern. Der Versuch, ihn davon abzuhalten, die Kunden zu stören, war harte, undankbare Arbeit. Ich entschied mich, woanders zu suchen, und fand einen Verkäuferinnenjob in einem Laden, in dem alles für fünf oder zehn Cent zu haben war, in der Nähe unseres Hauses. Nach dem Gesetz musste man mindestens 16 Jahre alt sein, um dort arbeiten zu dürfen, aber sie stellten mich im Alter von 13 Jahren ein. Keiner fragte nach meiner Geburtsurkunde. Der Lohn war niedrig, aber er ermöglichte es mir, auch einen Cashmere Pullover und eine Cashmere Strickjacke zu kaufen – nur ein Paar, aber das war besser als nichts. Als ich 16 wurde, stellte mich Sears an, und ich verkaufte im Keller Männerschuhe in der Abteilung mit den Sonderangeboten. Viele der Kunden waren lustige Typen, und sie kauften ihre Arbeitsschuhe gern bei einem jungen Mädchen. Wir haben viel gelacht.

Schülerjobs haben mich viel über die Arbeiterbevölkerung von Chicago gelehrt – das war nützlich für mein weiteres Leben. Aber jeden Tag nach der Schule zu arbeiten, bedeutete auch, dass ich mit den anderen außerhalb des Unterrichts nichts unternehmen konnte. Wie auch immer, ich bekam gute Noten

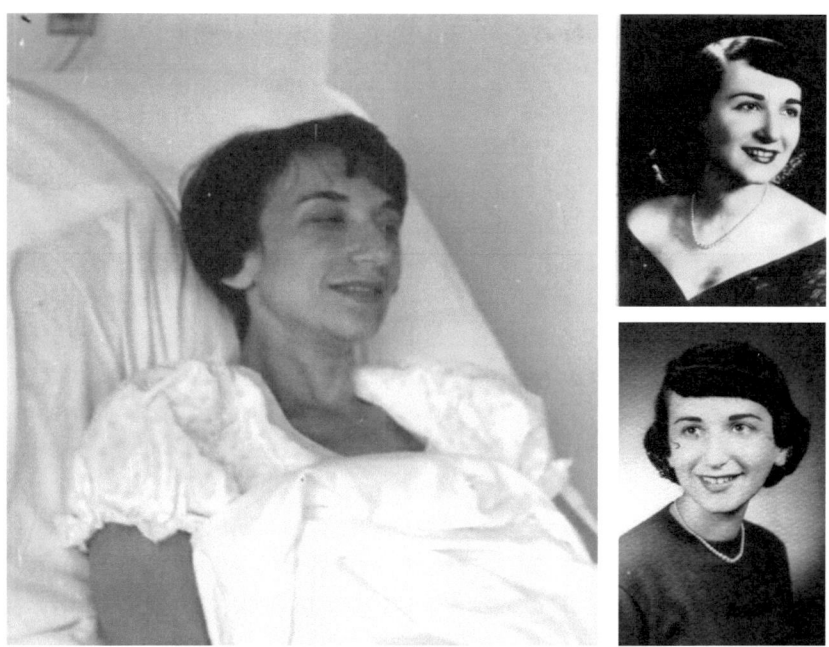

Ruth nach der Geburt von Amy 1961. Und zwei Portraitfotos.

Ruth mit ihren Eltern auf der Hochzeit 1954.

und wurde zur Präsidentin der National Honor Society gewählt. Ich sollte bei der Zeremonie drei Kerzen anzünden. Ich erinnere mich, dass ich das in der Spüle unserer Küche geübt habe, weil ich Sorge hatte, dass ich es nicht ordentlich machen und die anderen über mich lachen würden.

Auch wenn ich Cashmere trug, bin ich nie eines der angesagten Mädchen geworden. Ich bin nie mit einem Basketballspieler ausgegangen, den großen Helden in unserer Schule, und habe nie mit den reichen Kids herumgehangen, von denen einige im eigenen Auto zur Schule fuhren. Ich hasste den Sportunterricht, besonders wenn wir Volleyball spielten. Die beiden Teamkapitäne suchten sich ihre Teams aus, und ich gehörte immer zu den Letzten, die ausgewählt wurden. Es gab gute Gründe dafür, ich war eine schreckliche Volleyballerin, aber es verletzte meine Gefühle trotzdem. Wenn später in meinem Leben bei einem Picknick Volleyball gespielt werden sollte, spielte ich nicht mit, egal, wie sehr meine Freunde mich darum baten. Zu viele schlechte Erinnerungen.

Ein Lichtblick in meiner High-School-Zeit war, Miss Antmann in der Mittelstufe in Englisch zu haben. Ihr Vater war reich gewesen und hatte all sein Geld in der Weltwirtschaftskrise verloren. Er hatte seinen Töchtern mit auf den Weg gegeben: „Man kann euch alles nehmen, was ihr habt, aber man kann euch nicht wegnehmen, was ihr seid."

Miss Antmann hatte sich vorgenommen, aus uns kultivierte Kunstliebhaber zu machen. Jedes Vierteljahr sollten wir zweimal etwas unternehmen, in ein Konzert, ein Theaterstück oder in die Oper gehen. Da Jugendliche günstige Karten für die meisten Konzerthallen und Theater und für den öffentlichen Nahverkehr bekamen, konnten wir uns das leisten. Wie aufregend war es, Victor Herberts Operette „The Red Mill" in Chicagos großem Opernhaus zu sehen, oder mein erstes

Ruth Stern und Burt Gasten.

Das jungverheiratete Paar.

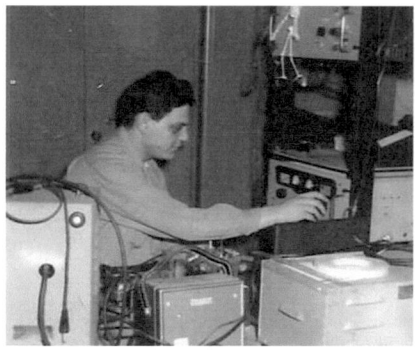
Burt Gasten in seinem Labor.

Ruth mit ihrer Tochter Amy.

Ruth und Amy im Grünen.

Amy, Burt, Felicia und Ruth.

Shakespearestück, „King Lear", in der Loyola Universität! Miss Antmann brachte mich auf die gleiche Weise dazu, Kunst zu genießen, wie Mrs. Anderson mich mit der Stadt, in der ich lebte, vertraut gemacht hatte. Noch ein großes Geschenk! Diese beiden Lehrerinnen haben wirklich mein Leben bereichert. Ich bin ihnen sehr dankbar dafür.

Was sollte ich nach der High School tun? Das war die große Frage. Meine Mutter dachte, ich sollte einen Sekretärinnen-kursus belegen. Immerhin finden Sekretärinnen immer Arbeit. Etwas Wunderbares geschah! Sowohl die Universität von Illinois in Champain-Urbana als auch das Roosevelt College, das jetzt Roosevelt University heißt, boten mir Stipendien an. Weil Mama nichts davon hören wollte, dass ich Chicago verließ, ging ich auf das Roosevelt College, ein College an der Michigan Avenue mitten in Chicago.

Amy, Felicia, Ruth und Burt.

Joseph Stern und Felicia 1969.

Joseph Stern mit Fluffy 1970.

Jüdische Jugendliche gingen an jüdischen Feiertagen nicht in die Schule. Am Ende meiner Zeit an der High School schlenderte ich an Rosh Hashanah, dem jüdischen Neujahr, mit meinen Freundinnen den Douglas Boulevard hinunter, als Burt Gasten mit seinen Freunden auch dort war. Eine meiner Freundinnen kannte einen von seinen Freunden, und wir blieben stehen und unterhielten uns. Der Rest ist Geschichte. Burt war neu am Illinois Institute of Technology (IIT) und studierte Physik. Er fuhr mit öffentlichen Verkehrsmitteln zum Campus, was ihn täglich etwa drei Stunden kostete. Als wir uns kennen lernten, arbeitete ich nach der Schule. Im Jahr darauf ging ich aufs College und arbeitete weiter am Nachmittag. Da blieb nicht viel Zeit, die wir gemeinsam verbringen konnten. Wir sahen uns einmal die Woche, verabredeten uns für Samstagabend. Als Burt vier Jahre später das Studium abschloss, heirateten wir am 27. Juni 1954. Es war eine traditionelle jüdische Hochzeit im Sheridan Plaza Hotel, mit der Familie und mit Freunden.

Unser Eheleben begann mit einem Umzug nach Madison, Wisconsin, wo Burt eine Stelle in einem Ph.D. Programm in Physik an der Universität von Wisconsin angenommen hatte. Meine pragmatisch veranlagte Mutter hatte darauf bestanden, dass ich Schreibmaschinen- und Steno-Unterricht in der High School nahm – „nur für den Fall, dass du jemals einen Job brauchst".

Junge, war das eine gute Idee! Ich fand einen Job als Sekretärin des Chefs der Superior Mutual Insurance Company, einer Hochrisikoversicherung für Autofahrer. Der Witz, den man sich im Büro erzählte, war: „Wir versichern die körperlich und geistig Schwachen."

Als Burt kurz davor war, seinen Doktortitel zu bekommen, brachte ich am 24. Juli 1961 Amy Lynn auf die Welt. Sie hatte

Hanna, Ruth und Amy bei Amys Schulabschluss.

Ruth und Amy 1963.

Ruth, Burt, ihre Mütter und Felicia.

große dunkle Augen, die leuchteten, wenn sie lächelte. Ich verliebte mich völlig in sie und in meine neue Rolle als Mutter. Ich las alle Erziehungsbücher, die ich in die Hände bekam, und war entschlossen, ihr mehr Liebe und Sicherheit zu geben, als ich als Kind gehabt hatte.

Lawrence Livermore National Laboratory war der Ort, der Burt für seine Qualifikation am besten erschien. Die Tatsache, dass sein Bruder Gene dort auch arbeitete, war ein Plus. Ich erinnere mich noch an den 22. Februar 1962, den Tag, an dem wir von Madison, Wisconsin, nach Kalifornien flogen. Die Nachttemperatur in Madison war in der vergangenen Woche auf weit unter null gesunken. Als wir in Livermore ankamen, blühten die Tulpen, und es war über 18 Grad warm. Wahnsinn! Wir dachten, wir wären gestorben und in den Himmel gekommen! Wir kauften ein Reihenhaus in Livermore, einen gebrauchten Chevy und fingen an, die Möbel, die wir gebraucht bei der Heilsarmee gekauft hatten, durch ein paar neue Stücke zu ersetzen. Drei Jahre später wurde Felicia Ann geboren, ein kleines Baby mit blauen Augen und heller Haut. Lange Zeit hatte sie den Kosenamen „Teensy". Meine Mutter war überglücklich. Jetzt lebte ihre Tochter den amerikanischen Traum – zwei Kinder, ein Haus in der Vorstadt und einen Combi. Livermore hatte etwa 23000 Einwohner – so viel wie ein Stadtviertel von Chicago. Burt lernte Mitglieder des Stadtparlaments kennen, von denen viele in seiner Firma arbeiteten. Wir beide wurden einbezogen in lokalpolitische Kampagnen – Burt, der handwerklich geschickt war, dadurch, dass er Transparente machte und verteilte, und ich, die ich gesprächig war, indem ich an Türen klopfte und den Leuten etwas über die Kandidaten erzählte, die wir unterstützten.

Burt hatte ein weiteres Talent, das uns dabei half, Freundschaften zu schließen. Er konnte alles reparieren! Als sich das

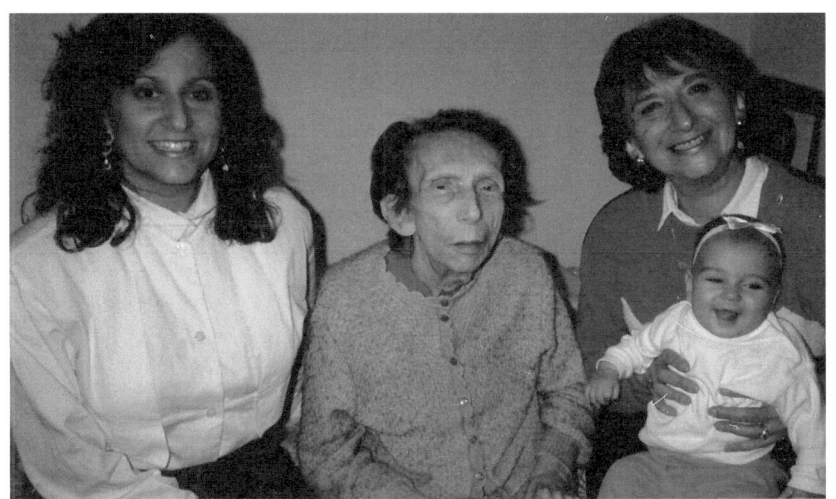

Amy, Hanna, Ruth und Katie 1992.

Hanna und Ruth auf der Hochzeit von Amy und Mike.

herumsprach, beherbergte unsere Garage für gewöhnlich einen kaputten Toaster oder einen Fernseher, der auf ihn wartete.

Weil ich den Befehl „Schaff was!" tief in mein Hirn eingraviert hatte, fing ich an, nach Arbeit zu suchen. Ich brauchte nicht lange, um eine zu finden.

Ich schloss mich dem Nursery School Scholarship Fund an, der Geld sammelte, um nicht Englisch sprechende Kinder aus Familien mit geringem Einkommen auf lokale Vorschulen zu schicken. Als Präsident Johnson das landesweite Head Start Programm startete, bewarben wir uns darum. Eines Abends verpasste ich ein Treffen. Am nächsten Morgen bekam ich einen Anruf: „Ruth, du bist zur Vorsitzenden gewählt worden!" Wir nannten uns Community Association for Preschool Education (Gemeinnütziger Verein für Vorschulerziehung). Die nächsten drei Jahre war CAPE ein großer Teil meines Lebens. Ich mochte die Vorstellung, dass Kinder aus einkommensschwachen Familien auf viele unterschiedliche Schulen in Livermore, Pleasanton und Dublin gehen konnten, statt auf eine Head Start School (Förderschule) geschickt zu werden.

Meine Eltern waren inzwischen in Rente gegangen und zogen nach Livermore. Das war eine große Hilfe für mich. Wann immer ich ein Treffen am Nachmittag hatte, fuhr mein Vater mit seinem Fahrrad zu meinem Haus und kümmerte sich um die Kinder.

Meine andere ehrenamtliche Leidenschaft war der Student Education Loan Fund (SELF, englisch für selbst), eine Organisation, die zinsfreie Darlehen an junge Menschen aus Livermore vergibt, die nach der High School eine weitere Ausbildung machen wollen, sei es ein Studium, eine Lehre zum Automechaniker oder zur Kosmetikerin. Ihr wisst, wie wichtig Bildung für uns Immigranten ist!

Chanukka mit Debbie Stone und Jim Conwell.

Mit Beau Woodward und Tomoko Tsuji.

Mit Amy und Mike Shenon.

Livermore war voller kluger, talentierter Frauen. Mittwoch-
nachmittags waren meine beiden Töchter bei den Pfadfin-
derinnen, und ich hatte, was ich „Ruths Salon" nannte. Eine
Gruppe jüngerer und älterer Frauen mit unterschiedlichen
Talenten versammelte sich in meinem Wohnzimmer. Diejenige, die Musik mochte, spielte ein Stück, das sie gerade erst
einstudiert hatte. Eine, die vor Kurzem einen Kursus besucht
hatte, erzählte, was sie gelernt hatte. Es waren die Siebziger.
Frauen breiteten ihre Flügel aus und suchten sich neue
Horizonte. Der Salon war ein Ort, an dem wir unsere Interessen und unser Leben teilten. Mit diesen klugen, gebildeten
Frauen zusammen zu sein, bestärkte mich in der Entschei-
dung, zurück aufs College zu gehen und meinen Abschluss in
Sozial- und Erziehungswissenschaft zu machen. 1976 hatte ich
endlich meinen Bachelor of Arts von der Universität von San
Francisco.

Inzwischen hatte ich schon seit sieben Jahren Elternkurse in
Pleasanton und Livermore gegeben, das hatte sich durch meine
Arbeit für CAPE ergeben. Ich besuchte einen Kurs für
Persönlichkeitsentfaltung, der von Dr. James Carothers geleitet
wurde. Er lud mich ein, mit ihm zu arbeiten. Mehr als zehn
Jahre lang gaben wir Workshops, die Eltern und Kindern helfen
sollten, Selbstachtung zu entwickeln, und wir schrieben das
Buch „Helping Children to Like Themselves" (Kindern helfen,
sich selbst zu mögen), das ich erwähnt habe.

Das Leben der Familie Gasten war geschäftig – gefüllt mit den
Aktivitäten zweier heranwachsender Mädchen, dem gelegent-
lichen Streit um Spielzeug und später dem Zank darüber, wer
sich wessen Sweatshirt geborgt hatte. Es gab auch Wochenend-
ausflüge zum Meer oder in die Berge und Camping in Oregon
mit Freunden. Auf der High School begann sich Amy für die
Geschäftswelt zu interessieren, aber sie war sich nicht sicher,

Ruth mit Bürgermeister Marchand und der Künstlerin Nova Starling
bei der Rally for Love im Februar 2017 in Livermore.

Ruth und Sam mit Freunden in der
Bucht von San Francisco.

Ruth im Yosemite Park, den sie
besonders liebt.

in welche Richtung sie im Studium gehen sollte. Mein Onkel Leo aus Südafrika lud sie ein, ein Jahr bei ihm zu wohnen und in verschiedenen Abteilungen seines Eisenwarenhandels zu arbeiten, um entscheiden zu können, welche Aspekte der Wirtschaft ihr lagen. Sie nahm ihn beim Wort und flog im September 1979 nach Johannesburg (Südafrika).

Alles änderte sich am 12. März 1980. Burt hatte einen tödlichen Herzinfarkt, als er dabei war, die Bremsen unseres Toyota Sedan zu reparieren. Amy eilte aus Südafrika nach Hause. Amy, Felicia und ich klammerten uns aneinander, unter völligem Schock und im sicheren Wissen, dass wir einander hatten. Felicia war gerade erst im zweiten Jahr auf der Livermore High School, und Amy hatte sich am Las Positas College eingeschrieben, um einen Abschluss in Buchhaltung zu machen.

Es ist immer noch hart, darüber zu schreiben, was als nächstes in unserem Leben passierte. Am 23. Mai 1981 ist Felicia bei einem Autounfall gestorben. Einer ihrer Schulfreunde hatte am Steuer gesessen, Mike, der den VAN gemeinsam mit seinem Vater restauriert hatte. Fünf junge Leute waren in dem Auto, als es eine Böschung hinunter stürzte. Felicia und Mike saßen vorne und starben. Die drei Jugendlichen auf dem Rücksitz überlebten mit leichten Verletzungen.

Was soll ich über das darauf folgende Jahr sagen? Amy und ich haben es irgendwie durchgestanden mit viel Hilfe von unserer Familie und von Freunden. Ich erinnere mich daran, Thanksgiving auf dem Fußboden unseres Wohnzimmers gesessen zu haben, mit Amy und meiner Nichte Linda Gasten. Wir aßen Nachos und hörten Musik von den Beatles. Wir konnten uns nicht vorstellen, ein traditionelles Thanksgiving zu feiern, obwohl wir viele Einladungen hatten. Ein paar Tage später flogen wir dank Onkel Leo nach Südafrika und verbrachten dort fünf Wochen, besuchten die Familie meines Onkels und

Kate, Amy und Ruth.

Sam Stone, Ruth, Kate und Rob feiern 2015 Kates College-Abschluss.

Beau, Tomoko, Ruth, Debbie, Kate und Alex vor dem Sedermahl
zum Ende des Passahfestes 2017 in Ruths Haus.

nahmen an einer luxuriösen Bustour durch dieses wunderschöne Land teil. Der Tapetenwechsel und die warme Atmosphäre bei den Familienbesuchen war Honig auf unsere Seele. Als wir nach Hause kamen, ging Amy zurück aufs College, und ich gab weiter Erziehungskurse und leitete Selbstachtungs-Workshops.

In einem Workshop in San Francisco traf Amy Michael Shenon, einen großen, gut aussehenden jungen Mann, der gerade seinen Abschluss in Berkeley, der Universität von Kalifornien, gemacht hatte. Sie verliebten sich und heirateten am 28. Juni 1987. Ihre Hochzeit feierten sie im Freien auf dem Gelände der Elliston Winzerei in Sunol, gefolgt von einem fröhlichen Empfang im Castlewood Country Club in Pleasanton. Mike hat vier Geschwister, und seine Familie hat Amy herzlich aufgenommen. Es macht mich froh, dass sie durch ihre Heirat zwei Schwestern hat.

Zwei Jahre später, am 1. Januar 1989, heiratete ich Ervin Chapman Woodward Junior, einen freundlichen, klugen Mann mit ungewöhnlich breit gestreuten Interessen, der auch verwitwet war. Wir hatten viele gemeinsame Freunde. Der Rabbi, der uns traute, scherzte mit den Gästen: „Es passiert nicht oft, dass ich erst die Hochzeitszeremonie für die Tochter leite und dann zwei Jahre später für die Mutter."

Eine Woche vor der Hochzeit war ich zu einer Routineuntersuchung gegangen und hatte erfahren, dass ich Brustkrebs hatte. Wir sagten es der Familie, aber niemandem sonst, und durchlebten den Tag mit einer geheimen Last auf unseren Herzen.

Am 3. Januar hatte ich eine Brustamputation, und bald darauf begannen die sechs Monate der Chemotherapie. Wir verschoben die geplante Hochzeitsreise, einen Urlaub in der Türkei, auf Juni. Ich bin glücklich, sagen zu können, dass der Krebs nicht wieder aufgetreten ist. Gott sei Dank!

Erv zu heiraten, brachte das Vergnügen mit sich, seinen Sohn, und dessen Partnerin Tomoko kennenzulernen, und seinen Sohn Paul und dessen Frau Yael und deren drei Kinder Shira, Maya und Yotam. Mike und Amy fügten zwei herzlich willkommene Enkelkinder, Katie und Rob, zu unserer wachsenden Familie hinzu. Erv und ich lebten ein erfülltes Leben zusammen, wir sind gereist und haben Zeit mit unseren Kindern und Enkeln verbracht. Als Erv am 15. Januar 2000 starb, war es ein harter Schlag für mich, unsere große Patchworkfamilie und für alle anderen, die ihn kannten.

Vielleicht ausgelöst durch den Stress, den sein Tod bedeutete, oder vielleicht auch nicht, entwickelte ich im Februar 2001 Eierstockkrebs, der eine weitere Operation und noch eine Chemotherapie notwendig werden ließ. Der Krebs ist nicht wieder festgestellt worden. Ich bin dankbar dafür.

Während ich dies schreibe, wird mir klar, dass Ihr vielleicht denkt, mein Leben hört sich ziemlich hart an. Aber das stimmt überhaupt nicht!! Sicher, mein Leben war mit Sorgen verbunden, aber es war auch voller Freude, Anerkennung und Lachen, und ich durfte die Schönheit von vielen Orten dieser Welt entdecken. Ich habe noch eine Zeitlang unterrichtet. Das gab mir die Chance, mit jungen Leuten zusammen zu sein – etwas, das ich genieße. Ich liebe es, mit meinen Enkeln zu reden und ihnen zuzuhören.

Ein guter Freund von Erv, Sam Stone, ist mein Lebensgefährte geworden. Falls das Universum es will, werden wir unsere Enkeltochter Katie und drei ihrer Freunde auf eine Kreuzfahrt in Mexiko begleiten, um ihre Abschlüsse zu feiern.

Klingt das nicht nach Spaß? Juden haben einen Trinkspruch: L'Chaim! Auf das Leben!

Mein Ziel ist es, das Leben mit Elan zu leben, so lange ich kann!

„Enemy of the people" (Volksfeind) spielt auf den Krieg des US-Präsidenten gegen die Medien an.

„The Press": Für das Purim Spiel 2017 hat sich Ruth als Reporter aus den Vierzigern verkleidet.

Ruth und Sally Brown, die "Don't fence me in" umgetextet hat.

Ruth Stern Gasten und Sally Brown mit einem weiteren Gast.

Don't fence Me In

von Robert Fletcher (1934), Musik von Cole Porter

„Oh, give me land, lots of land under starry skies above
Don't fence me in
Let me ride through the wide open country that I love
Don't fence me in
Let me be by myself in the evenin' breeze
And listen to the murmur of the cottonwood trees
Send me off forever but I ask you please
Don't fence me in
Just turn me loose, let me straddle my old saddle
Underneath the western skies
On my cayuse, let me wander over yonder
Till I see the mountains rise
I want to ride to the ridge where the west commences
And gaze at the moon till I lose my senses
I can't look at hobbles and I can't stand fences
Don't fence me in
Oh, give me land, lots of land under starry skies
Don't fence me in
Let me ride through the wide open country that I love
Don't fence me in
Let me be by myself in the evenin' breeze
And listen to the murmur of the cottonwood trees
Send me off forever but I ask you please
Don't fence me in
Just turn me loose, let me straddle my old saddle
Underneath the western skies
On my Cayuse, let me wander over yonder
Till I see the mountains rise
I want to ride to the ridge where the west commences
And gaze at the moon till I lose my senses
I can't look at hobbles and I can't stand fences
Don't fence me in.

Joseph Sterns Lieblingslied in den USA.

Don't fence me in

by Sally Brown (for the Purim Spiel 2017)

„Oh! We have land,
lots of land under starry skies above
which he'll fence in.
And he'll change laws –
lots of laws
for the businesses he loves.
'Cause we elected him.
We shall dwell by ourselves
in our smog filled breezes.
Listen to the murmur
of our gasping wheezes.
Drink polluted water
filled with new diseases.
‚Cause Trump did win!
Who turned him loose?
Is he addled?
Are we saddled
to his world wide enterprise?
It's so obtuse.
Let me wander
as I ponder
what my soul decries.
I want to sing to the world
as each day commences.
Wake up everybody;
let's not lose our senses.
We won't be hobbled,
and we don't need fences.
Don't fence us in!"

Ruth schickte die Fotos und schrieb dazu:
„The party was very nice. We honored Sally Brown, the woman dressed in gold, who wrote all of the songs which were sung by the attendees at the party. She has been writing funny songs for many years to be performed at the Purim Party. She's the person who wrote ‚Don't Fence Me In'."

Zäunt mich nicht ein

Übersetzte Version des Liedtextes von Sally Brown,
geschrieben für das Purim Spiel 2017

„Zäunt mich nicht ein.
Oh, wir haben Land,
viel Land unter dem Sternenhimmel,
das er einzäunen will.
Und er wird die Gesetze ändern,
viele Gesetze, für die Geschäfte, die er liebt.
Weil wir ihn gewählt haben.
Wir werden in smoggefüllter Luft leben,
dem Murmeln unseres Röchelns lauschen,
verschmutztes, vergiftetes Wasser trinken.
Weil Trump gewonnen hat.
Wer hat ihn losgelassen?
Ist er verwirrt?
Sind wir an sein weltweites Unternehmen gebunden?
Es ist so stumpfsinnig.
Lasst mich gehen,
während ich darüber nachdenke,
was ich aus tiefster Seele verachte.
Ich will der Welt ein Lied singen
an jedem Tag, der beginnt.
Wacht auf, ihr alle:
Lasst uns nicht unseren Verstand verlieren.
Wir werden uns die Füße nicht fesseln lassen,
und wir brauchen keine Zäune.
Zäunt uns nicht ein!"

Ruth schickte die Fotos und schrieb dazu:
„Die Party war sehr schön. Wir haben Sally Brown geehrt, die Frau, die in
Gold gekleidet ist. Sie hat alle Lieder gesungen, die wir auf dem Purim Spiel
gesungen haben. Sie schreibt schon seit vielen Jahren Lieder, die dann beim
Purim Spiel zum Besten gegeben werden. Sie ist diejenige, die (die neue
Version von) ‚Don't fence me in' geschrieben hat."

Die Gedanken sind frei

Die Gedanken sind frei, wer kann sie erraten?
Sie fliehen vorbei, wie nächtliche Schatten.
Kein Mensch kann sie wissen, kein Jäger erschießen
mit Pulver und Blei, die Gedanken sind frei!

Ich denke, was ich will und was mich beglücket,
und alles in der Still und wie es sich schicket.
Mein Wunsch und Begehren kann niemand verwehren,
Es bleibet dabei: Die Gedanken sind frei!

Und sperrt man mich ein im finsteren Kerker,
Das alles sind rein vergebliche Werke;
Denn meine Gedanken, sie reißen die Schranken
und Mauern entzwei: Die Gedanken sind frei!

Die Gedanken sind frei, wer kann sie erraten?
Sie fliehen vorbei, wie nächtliche Schatten.
Kein Mensch kann sie wissen, kein Jäger erschießen
mit Pulver und Blei, die Gedanken sind frei!

*Dieses deutsche Volkslied aus der Zeit der Sozialrevolution (19. Jahrhundert)
war eines der Lieblingslieder der Brüder Joseph und Meier Stern aus
Nieder-Ohmen. Es ist erwähnt in Hilda Stern Cohens Buch „Words that
burn within me". Als Ruth Stern Gasten eine Tonaufnahme vom Weidig-
Wochenende in Ober-Gleen von der CD des Duos Eigenart (Nidderau) hörte,
erinnerte sie sich daran, dass ihr Vater das Lied geliebt hat. Abspielbar ist
es in der Mediathek von www.monikafelsing.de.*

Was ich gelernt habe

Die Autorin.

Ich bin gefragt worden: „Nun, was hast du in deinem Leben gelernt, das du mit deinen Lesern teilen willst?" Du meine Güte! Was für eine Verantwortung!
Hier sind die Lektionen, die mir heute in den Sinn gekommen sind:

1. Lektion: Geh nach dem Typen, nicht nach dem Auto.
Wie ich das gelernt habe: Als ich etwa 18 war, dachte ich, der 1955 Thunderbird, ein Sportwagen mit zwei Sitzen, wäre das

coolste Auto, das es je gegeben hatte. Ich verabredete mich mit jemandem, der einen Thunderbird hatte. Es stellte sich heraus, dass er langweilig und dumm war. Vielleicht war das der Moment, als ich angefangen habe, kluge Männer zu mögen!

2. Lektion: Geht wählen! Bringt euch in den Wahlkampf ein. Schreibt Briefe! Unterstützt euren Kandidaten oder eure Kandidatin.
Wie ich das gelernt habe: 1959 war ich eine eifrige Ehrenamtliche einer Organisation, die Adlai Stevenson, den brillanten Gouverneur von Illinois, im Präsidentschaftswahlkampf unterstützte. Ich arbeitete für die Demokraten und erlebte den politischen Prozess mit. Was für eine lehrreiche Erfahrung!

3. Lektion: Wenn du dich gut um dich selbst kümmerst, haben die anderen um dich herum auch etwas davon.
Wie ich das gelernt habe: Als ich „Helping Children to Like Themselves" schrieb, war ich so darauf konzentriert, dass ich Zahnschmerzen ignorierte, die, wie es sich herausstellte, von einem vereiterten Zahn kamen. Mit einer Infektion und dem ganzen Stress verwandelte ich mich in einen reizbaren Dämon. Amy und Felicia ließen mich wissen, wie eklig ich war, indem sie mich „den Drachen" nannten und mir Keramik- und Glasdrachen kauften.
Ich wünschte, ich hätte das nicht getan!

4. Lektion: Wenn du dich furchtbar fühlst, denk daran, dass es dir wieder besser gehen wird.
Wie ich das gelernt habe: Nach dem Tod meiner Tochter Felicia dachte ich, ich könnte nie wieder glücklich sein. Eines Abends sah ich in San Francisco einen schönen Sonnenuntergang, und zu meinem Erstaunen wurde mir bewusst, dass ich glücklich

Ruth und Ervin Woodward Junior an ihrem 65. Geburtstag.

war. Ich vermisste Felicia immer noch und werde sie immer vermissen, aber mir wurde klar, dass du einen schrecklichen Verlust erleiden und trotzdem glückliche Momente haben kannst.

5. Lektion: Entscheide dich, deinen Partner zu lieben.
Wie ich das gelernt habe: Ich bin in dem Bewusstsein aufgewachsen, dass man sich verliebt und dann glücklich ist bis an sein Lebensende. Ein Freund sagte: „Ich habe mich entschieden, meine Frau zu lieben." Mir wurde klar, dass ich jeden Tag die Wahl habe, einen Menschen zu lieben, und mich so verhalten.

6. Lektion: Wenn mir etwas passiert, das wichtig zu sein scheint oder mein Leben verändert, frage ich mich: „Was kann ich daraus lernen?"
Wie ich das gelernt habe: Als bei mir Brustkrebs diagnostiziert wurde, forschte ich nach und fand Übungen, mit denen man sich gesund erhalten kann. Ich begann zu üben, zögernd, wie ich zugebe. Jetzt ist das Training Teil meines Lebens geworden, und ich mache es, weil es mich beweglich und stark bleiben lässt. Und dann habe ich Tanzen entdeckt – sowohl als sport-liche Übung als auch zum Vergnügen. Was für ein Fund! Ich hatte einige Herausforderungen zu meistern in meinem Leben, wie jeder früher oder später, und ich habe versucht, das Beste daraus zu machen.

Mein Lieblingssprichwort ist von Hillel, dem jüdischen Weisen: Wenn ich nicht für mich bin, wer wird für mich sein? Wenn ich nur für mich bin, was bin ich? Wenn nicht jetzt, wann dann?

Schlussgedanken

Ruth im Jahr 2017.

Dieses Buch zu schreiben, war eine Offenbarung für mich. Ich bin erstaunt zu sehen, wie viel aus meiner Mentalität als Immigrantenkind noch immer mein Verhalten beeinflusst. Ich mag immer noch Gerichte, die ich als erstes probiert habe, als ich nach Amerika kam – dicke Roggensandwiches mit Cornedbeef, knackige, saftige Dillgurken und delikat gewürzten geräucherten Fisch. Dienstags gehe ich immer noch auf der Suche nach den Angeboten der Woche die Anzeigen der Gemischtwarenläden durch. Ich kaufe noch immer die meisten meiner Kleider im Ausverkauf. Ich werfe nichts weg, weil ich

alles irgendwann brauchen könnte. Ihr würdet lachen, wenn
ihr einen Blick in meine Garage werfen könntet.

Um eine ernstere Tonart anzuschlagen: Ich bin mit dem Gefühl
aufgewachsen, dass die deutsche autoritäre Art, in der ich
erzogen bin, mich nicht zu einem jungen Menschen mit
Selbstbewusstsein gemacht hat und mit der Fähigkeit, für sich
selbst zu denken. Als Erwachsene habe ich Kindheitsent-
wicklung und Erziehungsstrategien studiert, damit ich es
besser machen konnte mit meinen noch ungeborenen Kindern.
Auf diese Weise habe ich den Beruf meines Lebens gefunden.
Denkt doch nur! Es ist alles so gekommen, weil es mir nicht
gefiel, wie mich meine hart arbeitende, wohlmeinende Mutter
erzogen hatte.

Ich bin voller Dankbarkeit, in diesem Land zu leben, wo ich
mich zuerst so abmühen musste und mich dann entfalten
konnte. Ich hatte die Chance, die Werte meiner Eltern – harte
Arbeit, die Wichtigkeit von Bildung, Integrität – zu nehmen
und sie zu benutzen, um weiterzugehen und mich als Person
zu entwickeln, weil ich nicht in einem Land lebte, das mich
auf „meinen Platz" verwies. Ich hoffe, auch Ihr, liebe Leser,
nutzt die Gelegenheiten, die sich Euch bieten, und macht etwas
daraus.
Viel Glück!

Ruths Buch 2016 in Ober-Gleen (Oberhessen).
Eric Loew und Clare Harris haben dieses Cover entworfen.

Nicht in den USA geboren

Born in the USA sind die zweite und dritte Generation. Ruth Stern Gasten ist erst zur US-Bürgerin geworden. Sie liebt den Yosemite Nationalpark, Yoga, Theater und lateinamerikanische Tänze, Dillgurken und die Küche des Vorderen Orients, feiert Chanukka, Purim und Pessach und genießt das Leben mit der Fähigkeit eines Menschen, der viel verloren hat, aber nicht die Gabe, glücklich zu sein und andere glücklich zu machen. Nichts ist selbstverständlich. In diesem Bewusstsein setzt sich Ruth Stern Gasten für ihr Land ein und für die, die es bevölkern, so unterschiedlich sie auch sein mögen. Es ist gerade die Vielfalt, die sie so fasziniert, die Freiheit, die in dem Versprechen liegt, unbegrenzte Möglichkeiten zu eröffnen. Das Gegenteil von all dem hat sie als kleines Mädchen erlebt. In dem Land, in dem sie geboren ist, war mit einem Mal kein Platz mehr für sie und die Ihren. „Mein Name ist Ruth Gasten. Ich habe die zweifelhafte Ehre, im selben Jahr auf der Bildfläche erschienen zu sein wie Adolf Hitler. Er wurde deutscher Reichskanzler, und ich kam in einem kleinen deutschen Dorf zur Welt", beginnt sie ihre Rede auf der Rally for Love in Livermore.

„Als kleines Kind bin ich in unserem Dorf von Haus zu Haus gegangen. Völlig frei. Alle Haustüren standen offen. Ich half, Erbsen zu schälen, oder saß neben einer Großmutter, die strickte, und ließ mir von ihr eine Geschichte erzählen." Ruth Stern Gasten hält kurz inne. Die gebürtige Nieder-Ohmenerin hat schon viele Reden gehalten, in Schulen, in Moscheen, in Kirchen und jetzt auf der Rally for Love, der Demo für die Liebe. In Livermore im Tri Valley, einem Tal in Kalifornien, haben sich im Februar 2017 Hunderte versammelt, um Flagge zu zeigen für eine tolerante Gesellschaft. Aus Solidarität mit allen, die sich schutzlos fühlen. Mitten in der Menge steht Ruth Stern Gasten. Ihr roter Schal und ihr roter Hut leuchten in der Frühlingssonne. Links von ihr hält die Künstlerin Nova Starling ein Schild in die Höhe, auf dem sich dunkle, helle, rötliche und gelbe Hände gegenseitig Halt geben. Und Ruth Stern Gasten, eine 83-Jährige mit herzförmigem Gesicht und klugen, dunklen Augen, spricht über ihre Kindheit in der Nazizeit.

„Eines Tages waren die Türen verschlossen. Meine Mutter sagte, das sei deshalb, weil ich jüdisch sei. Hitler habe Christen verboten, sich mit Juden abzugeben. Ich war traurig und verwirrt", fährt Ruth Stern Gasten fort. „Aber nicht jeder war eingeschüchtert." Die Schlittenfahrten mit der erwachsenen Nachbarin Anna Reichel gehören zu den wenigen schönen Kindheitserinnerungen, die Ruth Stern Gasten hat. „Und wie Anna lassen wir uns nicht einschüchtern", sagt sie auf der Rally for Love. „Im Tri Valley schließen wir nicht die Türen vor Menschen, die Schutz brauchen. Wir demonstrieren, um zu sagen, dass wir die Vielfalt ehren und uns alle schätzen. Ich bin glücklich, ein Teil davon zu sein."

Ruth Stern Gasten lebt seit fast acht Jahrzehnten in den USA. Deutschland, ihre Kindheit, das alles ist weit weg, aber ihren Erinnerungen hat die Zeit nichts anhaben können. Fünf Jahre alt war Ruth Stern, als sie im Januar 1939 die Freiheitsstatue im New Yorker Hafen zum ersten Mal gesehen hat. Gut 50 Jahre alt ist die grüne Dame in der langen Robe damals und schon weltberühmt. Jeder der sieben Zacken ihrer Krone steht für einen Kontinent, und sie schreitet über zerbrochene Ketten hinweg, die Fackel erhoben. „Die Freiheit erleuchtet die Welt" war ein Geschenk des französischen Volkes an das amerikanische, entworfen von Frédéric-Auguste Bartholdi, einem jüdischen Monumentalbildhauer aus dem Elsass.

Auf der „Deutschland", einem Dampfer der Reederei Hapag Lloyd, haben Ruth und ihre Eltern das Deutschland verlassen, in dem sie, ihre Verwandten, alle anderen Juden, aber auch Sozialisten, Sozialdemokraten, Kommunisten, Kriegsdienstverweigerer, Roma, Sinti, Behinderte und Homosexuelle ihres Lebens nicht mehr sicher waren. „Wir sind um Haaresbreite entkommen", sagt die Überlebende. Drei Tanten, zwei Onkel und eine Großtante hat sie im Holocaust verloren, jüdische Freunde und Bekannte. Und zugleich das Gefühl, behütet zu sein. Als Zeitzeugin spricht die Überlebende in Schulen darüber, wie es war, als jüdisches Mädchen im braunen Oberhessen zu leben. Und wie schwer der Neuanfang in einem fremden Land. Ihr Vater war nach dem Pogrom von 1938 drei Wochen lang in Buchenwald inhaftiert. Er kam zurück, bleich und schweigsam, bereit, seine Heimat zu verlassen. „Er hat nie darüber gesprochen, wie es ihm ergangen ist", sagt seine Tochter. Joseph Stern war ein Mann, der Goethe, Schiller, Heine und Fennimore Cooper las, er hatte im Ersten Weltkrieg für Deutschland gekämpft, war in Bulgarien in russische Kriegsgefangenschaft geraten und hatte sich mit den Wachen über Politik unterhalten. Er war neugierig auf die Welt. „Die Gedanken sind frei" war eines seiner Lieblingslieder. In den USA sollte ein weiteres dazukommen: „Don't fence me in". Sperr mich nicht ein. Grenz niemanden aus. In Chicago hat Joseph Stern im Bus demonstrativ neben Schwarzen Platz genommen und war glücklich, wenn er sah, dass andere Weiße seinem Beispiel folgten.

„Interfaith Interconnect" heißt die interreligiöse Gruppe, die in Livermore und Pleasanton Menschen unterschiedlichen Glaubens zusammenbringt. Zusammen mit dem Komitee „Die Vielfalt umarmen" (Embracing Diversity) der Asbury United Methodist Church hat sie die Rally for Love organisiert, um die Menschen- und Bürgerrechte aller zu ehren, unabhängig von Alter, Rasse, Religionszugehörigkeit, Geschlecht, sexueller Orientierung, nationaler Herkunft oder Besitz. Ruth Stern Gasten und Abdul Awwal haben die Gruppe 2011 gegründet. „Die Leute hatten Angst vor Moslems, und wir helfen den Leuten, einander kennenzulernen und zu verstehen: Es verbindet sie mehr, als sie trennt." Die Rally for Love war für Ruth eine Herzensangelegenheit, denn sie weiß nur zu genau, wie es sich anfühlt, ausgeschlossen zu werden. „Weil ich den Holocaust überlebt habe, ist es mir wichtig, gemeinsam mit anderen etwas für den Erhalt der Freiheiten zu tun, die wir haben", sagt sie im Gespräch mit der Journalistin Beth Jensen von der East Bay Times. Und sie sagt es auf Englisch. Deutsch hat sie als Kind gesprochen und fast verlernt. Schreiben kann sie es nicht, weil sie aus Deutschland fliehen musste, bevor sie eingeschult worden ist. Ein paar Buchstaben konnte sie immerhin schon. Auf der Busfahrt nach Chicago brachte sie sie ihrer Puppe bei.

Auf die Volksschule hätte Ruth ab November 1938 ohnehin nicht mehr gehen dürfen. Sie wäre auf das jüdische Internat in Bad Nauheim gekommen wie ihre Nieder-Ohmener Cousine Karola Stern, wie Amanda Lamm aus Homberg/Ohm, die Geschwister Addi und Herbert Sondheim aus Ober-Gleen, Ruth und Hermann Stern aus Diez an der Lahn und deren Cousin Arthur Weinberg aus Lauterbach. Und so viele, viele andere. Einige haben sich in den USA wiedergesehen. Oder in Auschwitz. Hilda Stern hat nach ihrer Befreiung Gedichte und Augenzeugenberichte geschrieben, die sie mit in die USA genommen hat. Ihr Mann Werner Cohen hat die Texte nach ihrem Tod entdeckt und an das Goethe-Institut weitergegeben. Ihr Buch „Genagelt ist meine Zunge" ist heute ein berühmtes Stück Holocaustliteratur. Karola Stern Steinhardt hat als Zeitzeugin Video-Interviews gegeben, die auf der Seite des United States Holocaust Memorial and Museum im Internet zu finden sind. Auf den Seiten Vor dem Holocaust und Alemannia Judaica sind Fotos der Familie Stern zu sehen. Auch Bilder von Ruth Stern Gasten und ihren Eltern Joseph und Hanna Stern, geborene Nussbaum.

Ruths Großmutter Fannie Nussbaum und fünf ihrer Onkel waren in den Dreißigern aus Ulmbach nach Afrika gegangen, der sechste Bruder ihrer Mutter nach Palästina. Fannies Schwägerin Dina Gardner, geborene Nussbaum, die lange zuvor nach Chicago ausgewandert war, bürgte für die Sterns. Per Zufall wurde Ruth Amerikanerin. „An Accidental American", hat sie deshalb ihre Kindheitsmemoiren genannt. Hätte die Botschaft eines anderen Landes der jüdischen Familie Visa ausgestellt, dann wäre sie vielleicht Chilenin geworden. Oder Südafrikanerin, Israelin, Peruanerin, Kubanerin.

Und auch ein Visum war keine Garantie, Hitler zu entkommen. Siegfried Frank, ein Landarbeiter, ist vier Monate nach den Sterns mit der „St. Louis", einem anderen Dampfer von Hapag Lloyd, von Hamburg aus losgefahren und hat es nicht geschafft. Der 32-jährige Nieder-Ohmener und die anderen 930 jüdischen Passagiere wollten nach Havanna auswandern, sie hatten Visa, doch ihr Schiff durfte nicht in den kubanischen Hafen einlaufen. Eine wochenlange Irrfahrt begann. Kapitän Schröder, der die Flüchtlinge in Florida an Land gehen lassen wollte, wurde von den US-Behörden gewaltsam daran gehindert. Aber er brachte die ihm anvertrauten Menschen auch nicht nach Hitlerdeutschland zurück, sondern suchte und fand vier andere Aufnahmeländer. Siegfried Frank gehörte zu den 181 Passagieren, die in den Niederlanden Asyl bekamen. Zwei Jahre nachdem die Wehrmacht einmarschiert war, wurde er von Westerbork nach Auschwitz deportiert und am 2. September 1942, zwei Tage vor seinem 35. Geburtstag, dort ermordet. Sein Name gehört in das Manifest, das 2017 am Gedenktag für die NS-Opfer im Internet hochgeladen worden ist: Eine nicht enden wollende Reihe von Namen von Passagieren der St. Louis steht auf Twitter, manche mit Fotos, und in Variationen der Satz: „My name is.... The US turned me away at the border in 1939. I was murdered in Auschwitz." Mein Name ist Siegfried Frank. Die Vereinigten Staaten haben mich 1939 an der Grenze abgewiesen. Ich bin in Auschwitz ermordet worden.

Die letzten deutschen Männer in Uniform, die Ruth Stern Gasten als Kind gesehen hat, gehörten zur Besatzung der „Deutschland" und eine der ersten amerikanischen Uniformen, die sie noch vor Augen hat, dem Fahrer des Greyhound-Busses, mit dem die drei Neuankömmlinge von New York nach Chicago fuhren, zu Tante Dina und Cousin Irvin. „Es ist uns so ergangen wie den meisten Einwanderern heute", hat Ruth Stern Gasten einmal in einem Interview gesagt. Ihre Eltern arbeiteten hart und hatten Mühe, die neue Sprache zu lernen. Sie selbst wurde in der Schule von anderen Kindern „Nazi" genannt, weil sie aus Deutschland kam. Davon erzählt sie Jugendlichen, wenn sie vor Schulklassen spricht. „Diese Art von Mobbing hat nicht mit dem Zweiten Weltkrieg aufgehört. Kinder aus Afghanistan, Pakistan, Usbekistan und Iran haben mir erzählt, dass die anderen in der Schule sie Terroristen nennen. Wenn ihr so etwas mitbekommt, dann unterbindet das. Was diese Kinder fühlen, ist genau das, was ich in der Situation empfunden habe. Ihr müsst lernen, eure Meinung zu sagen und dafür einzustehen. Ihr seid die nächste Generation. Wenn ihr nichts sagt, kann das Böse triumphieren."

Die mahnenden Stimmen mehren sich. Sally Brown, eine ehemalige Lehrerin, die im Rentenalter noch Jura studiert hat, dichtet für das jüdische Purimfest Lieder um. Nach der

Präsidentschaftswahl hat sie eine neue Version von „Don't fence me in" geschrieben, eine Hymne auf die Freiheit. Die Dichterin ist Ende achtzig. Als Golden Girl ist sie im März 2017 zum Purim Spiel der Gemeinde Beth Emek gegangen (siehe Seite 158 ff.). Ruth Stern Gasten hat sich als amerikanischer Reporter aus den Vierzigerjahren verkleidet. „The Press" steht auf einem der beiden Zettel, die sie sich hinter das Band ihres Filzhutes geklemmt hat. Und auf dem anderen: „Enemy of the People." Volksfeind. So nenne der neue US-Präsident kritische Journalisten, erklärt sie in einer Mail nach Deutschland vorsichtshalber, um Missverständnisse auszuschließen. Und dass dessen Rhetorik sie an die von Hitler erinnert.

Zweimal hat Ruth Stern Gasten bisher ihr Heimatdorf besucht. Das erste Mal 1978 mit ihrem Mann Burt Gasten und ihren Töchtern Felicia (14) und Amy (18). Ihr Buch „Kindern helfen, sich selbst zu mögen" hatte sie als Gastgeschenk dabei. Im Juli 2008 war sie gemeinsam mit ihrem Lebensgefährten Sam Stone und ihren Enkelkindern Katherine, die damals sechzehn war, und dem zwei Jahre jüngeren Robert im Vogelsberg. „Heinrich Reichel, der Heimatforscher, und ich hatten E-Mail-Kontakt gehabt", schreibt sie mir. „Er und seine Familie waren sehr nett zu uns und haben dafür gesorgt, dass wir uns zu Hause fühlten." Daheim, wo sie einmal zu Hause war. Das Stammhaus ihrer Familie ist ein Bauernhaus. Die Zahl 1558 steht auf dem Eichenbalken über der Tür. Abraham Stern, Ruths Urgroßvater, hat das Haus 1871 gekauft und den Dorfnamen seiner Familie geprägt: Abrahams nannten sich die Sterns in Nieder-Ohmen. Der älteste Enkelsohn, Meier, wurde in der Nazizeit gezwungen, das Haus zu verkaufen. Eine Weile wohnten er und seine Frau Hedwig (1902-1942) noch zur Miete unter ihrem einst eigenen Dach, dann zogen die beiden nach Frankfurt. Die geistig behinderte Toni (1889-1942), die älteste Schwester von

Joseph und Meier, wurde in die Heil- und Pflege-Anstalt Bendorf-Sayn eingewiesen, von dort im Juni 1942 nach Izbica und Sobibor verschleppt und ermordet. Meier und Hedwig Stern sind in Lodz verhungert.

Auch für die wenigsten Überlebenden gab es ein Zurück. Ruth Stern Gasten erinnert sich, das Wort Heimweh oft von ihren Eltern gehört zu haben. Heimweh als Inbegriff für einen Schmerz, der nicht vergeht. Und für eine Sehnsucht.

Hedwig und Meier Stern.

In Kalifornien lebt sie selbst seit Mitte der Sechziger. Sie hat vor Jahrzehnten im Wahlkampf der Demokraten mitgearbeitet und sich seitdem auch anderweitig engagiert. Seit fast 50 Jahren gehört sie einer Stiftung an, die „dafür sorgt, dass Studenten und andere, die eine Ausbildung machen möchten, günstige Darlehen bekommen". Im März 2017 hat Ruth Stern Gasten vor zwei großen Gruppen von Achtklässlern gesprochen. „Das Komische war, dass sich meine beiden Reden irgendwie unterschieden haben. In einer Rede habe ich über Hitlers Wunsch gesprochen, dass Deutschland eine ‚arische‘ Nation würde. In der zweiten Rede habe ich das gar nicht erwähnt. Ich habe der Gruppe ein paar von den Dingen gezeigt, die wir aus Deutschland mitgebracht haben. In beiden Reden habe ich erwähnt, dass Hitler gesagt hat: ‚Ich will Deutschland wieder groß machen!‘ Die Kids haben alle gelacht.“ Das kam ihnen bekannt vor.

Ruth Stern Gasten ist nicht in den USA geboren. Aber sie gehört zu dem, was gut ist an diesem Land. Die Abgeordnete Catherine Baker hat sie auf der Rally for Love getroffen und zur jährlichen Feier zu Ehren der Holocaustüberlebenden nach Sacramento eingeladen. Und Ruth Stern Gasten hat einen Tag der Einwanderer angeregt. Alle, die mitmachen, erzählen, wie sie nach Amerika gekommen sind. „Immerhin sind wir alle Einwanderer“, sagt sie. Sogar die Ureinwohner sind über die Landmasse von Sibirien nach Alaska gekommen. „Ich dachte, wir sollten es ‚Was war mein Weg in die USA?‘ oder so ähnlich nennen und alle ihre Geschichten erzählen lassen.“ Wie in der von ihr gegründeten Zeitzeugengruppe „Eye-Witnesses to History“. Einer aus der Runde ist ein Veteran des Zweiten Weltkrieges, ein anderer ist damals in Europa gestrandet, weil er mit seiner Mutter Jugoslawien besuchte, als der Krieg begann. Eine Zeitzeugin der chinesischen Kulturrevolution ist dabei. Und ein Mann, der als siebenjähriger Junge in der Zeit der „Killing fields“ von Kambodscha nach Thailand gelaufen ist. „Wenn wir ins Klassenzimmer kommen, um über unser Leben zu reden, sagen die Schüler zu uns: Ihr seid so viel besser als ein Buch.“

Ihre eigene Lebensgeschichte hat Ruth Stern Gasten in ihrem Buch erzählt und der Fotografin Evvy Eisen für die Wanderausstellung „Multiply by Six Million: Portraits and Stories of Holocaust Survivors". Fünfzehn Jahre lang hat Eisen in Kalifornien und Frankreich an den 200 Porträts von Holocaustüberlebenden gearbeitet. Jedes einzelne Schicksal steht für alle sechs Millionen. Und jeder Mensch ist einzig.

Ruth, Sam, Katie und Rob mit (von links) Bürgermeister Matthias Weitzel, dem Gemeindepädagogen Uwe Langohr, Käthe und Heinrich Reichel und dessen Schwester Christa Reichel (hintere Reihe) 2008 in Nieder-Ohmen. Ein Pressefoto von Werner Döring.

Das hat Ruth Stern Gasten vor langer Zeit begriffen. Im Grunde schon, als Anna sie zum Schlittenfahren abgeholt hat und als Alfred ihr beistand, wenn sie in den USA von den anderen Kindern drangsaliert wurde. Wann immer sie heute in Schulen geht, die Fragen der Jugendlichen beantwortet, von einer Zeit berichtet, die nicht wiederkehren darf, gibt sie ihnen allen etwas mit auf ihren Weg: „Demokratie ist kein Zuschauersport!" Ganz egal, wo man geboren ist, welche Hautfarbe oder Religion jemand hat, das gilt für alle. Wer das erst einmal verstanden hat, spielt für immer in ihrem Team.

In Nieder-Ohmen erinnern sich einige voller Respekt und Sympathie an Ruth Stern Gasten. Mit ihrem Buch kehrt sie nun, auch ohne die USA zu verlassen, an den Ort auf der Welt zurück, der 200 Jahre lang die Heimat ihrer Familie war. Die zahlreichen Fotos machen die deutsche Ausgabe zu einem hessisch-amerikanischen Familienalbum, und mit jeder Seite wird die Gewissheit größer: Wo jemand geboren ist, bleibt dem Zufall überlassen. In sich selbst zu Hause zu sein und die Türen zu öffnen für neue Freundschaften und Erfahrungen, darauf kommt es im Leben an. Was das angeht, ist Ruth Stern Gasten ein Naturtalent. Die geborene Weltbürgerin.

Monika Felsing
Bremen, im Mai 2017

Ruth Stern Gastens Buch zu übersetzen, war für mich Ehrensache und eine echte Herausforderung. Zum Glück hatte ich aber nicht nur die Autorin an meiner Seite, sondern auch Justus Randt, den Grafiker Wolfgang Rulfs und die Korrektorinnen Erika Thies und Rosi Francke aus den Reihen unseres Bremer Geschichtsvereins Lastoria. Bis auf kleine inhaltliche Änderungen und einige Ergänzungen entspricht die deutsche Fassung dem englischen Original, das für Jugendliche gedacht war. Sie ist ein weiteres Stück Holocaustliteratur und zugleich ein Appell an alle, die auch in Zukunft in Frieden und Freiheit leben möchten, jetzt und hier etwas dafür zu tun.